通販まるごと
solution《ソリューション》

株式会社スクロール
代表取締役社長 鶴見 知久【著】

株式会社スクロール３６０
常務取締役 高山 隆司【著】

発行:ダイヤモンド・ビジネス企画　発売:ダイヤモンド社

はじめに

成長を続けるEC通販市場、参入も容易に

新型コロナウイルス感染症の拡大によって、EC通販を利用する一般ユーザーによる需要が増え、その後も、利便性や商品力の向上によりEC通販市場もより拡大の様相を呈している。

経済産業省の「令和4年度デジタル取引環境整備事業（電子商取引に関する市場調査）」によると2022年の物販系分野のB2C‐EC市場規模は、13兆9997億円となっている。

図1に示したグラフを見てわかる通り、2019年から、新型コロナウイル

スの感染が拡大した2020年にかけての伸び率と比べると、2021年、2022年は市場規模の成長が鈍化しているが、依然として成長市場であることがわかる。

お蔭様で私たちスクロールグループも2023年3月期決算を順調な業績で終えることができた。

こうしたEC通販市場の成長においては、事業者がEC通販を始めるための手段が充実してきていることも背景の一つとして挙げられる。

楽天市場をはじめAmazonやYahoo!ショッピングなど、多数のEC通販サイトを集めてショッピングモールのような形で運営されているECモールは、国内で10サイト以上が展開されており、国内最大手の楽天市場には約5万7000店舗が出店、流通金額は5・6兆円という巨大な市場を形成している。

また、STORESやBASEといったサイト作成サービスが登場したことで、ECモールへ参加することだけではなく、事業者が単独でEC通販サイトを開設・運営することが容易となり、EC通販を始めるハードルが下がっているのが現状だ。各公式サイトの情報によると、STORESでは毎月1万店舗が開設され、ＢＡＳＥにはこれまでに２００万店舗が開設されるなど、多数の事業者がＥＣ通販事業に参入していることが示されている。

私たちスクロールグループも、そうしたＥＣ通販事業のエキスパートとして様々な取り組みを展開し、多くの企業様にそのノウハウと実務を提供している。

しかし、ＥＣ通販を始めるハードルが下がっても、実際にＥＣ通販で商品が売れるかどうかは別の問題である。

ＥＣ通販事業で失敗する理由

スクロール３６０（サンロクマル）は、スクロールグループの一社として、拡大を続けるＥＣ通販市場にあって、通販業務のアウトソーシングからシステム構築、マーケティング支援まで、ＥＣ通販事業をまるごとサポートする「通販ワンストップサービス」を展開するソリューション企業である。

スクロール３６０では約１２０社のＥＣ通販事業者の物流を扱っているが、コロナ前と後で、その扱い状況が大きく変わっている。特にアパレル・雑貨といったリアル店舗への出荷が激減し、ＥＣ通販の出荷が増加したのだ。前年比で10倍になった企業もあった。

コロナ前からリアル店舗とＥＣ通販の在庫を共有し、双方の受発注をシステム化している企業は、リアル店舗が閉店または自粛中でもその売上減をＥＣ通販でカバーできているが、システム化に後れを取っていた事業者は悲惨な状況に追い込まれているようだ。

また、ユーザー対応と物流をアウトソーシングしている企業では、テレワークによって社員が出社しなくても売上を確保している。しかし、人が出社しなければ受注処理のできない事業者もまた、悲惨な状況を免れることができずにいるとも聞く。こうしたコロナ禍によってあぶり出された問題点は他にもいくつかあるので挙げておこう。

・ＥＣ通販のシステムがＷｅｂ上にないシステムを採用しているために受注処理などの業務をアウトソーシングできない。したがってテレワークに移行できず、離職者が増加した。
・自社内でＥＣ通販の出荷作業を行っていたが、スペース拡大ができずに受注増に対応できない。発送の遅れが評判を落とすことになった。

・ＥＣ通販のシステムを店舗の基幹システムの基準でつくったため、ＥＣ通販特有の物流とミスマッチを起こし、トラブル対応など運用への負担が増大した。

・一つの配送センターから店舗出荷とＥＣ通販出荷を行っていて、在庫引当を店舗優先にしたために「在庫有」表示を見て注文したＥＣユーザーから品切れになったというクレームが発生した。

・在庫は10点あるが、すでに8点の注文が入っていて、2点しか出荷できないのに3点の注文を受けてしまった。これは在庫引当という概念のない通販システムを使ったために起こるトラブルだ。

以上のような問題やトラブルは、各事業者にＥＣ通販のノウハウを知る人材がいないことと、特にＥＣ通販特有の物流に対する理解不足からくるトラブルである。

ＥＣ通販には特有の物流工程があり、そのプロセスの仕組みや設備を理解していないことが、今見たようなトラブルやクレームに繋がっている。そしてこの物流のところで、多くの事業者たちがつまずいてきたのである。例えば商品の出荷工程でよく見られるケースが、先の自社内で社員が商品を梱包してユーザーに発送している場合である。出荷点数が少ないうちは自社社員で対応できていたものの、テレビや雑誌、ＳＮＳなどのメディアで取り上げられて、出荷点数が一気に増加し、出荷対応が間に合わなくなり、クレームに至り、大きな痛手を被るというものである。そこでは、急激に出荷点数が増減する通販特有のプロセスへの対応が必要なのである。

そうした事業者においてはこんなことも起こっている。

例えばＥＣ通販のノウハウを知る人材がいない状態でサイトの運営を始めたとしよう。そうした場合、「トップページのデザインをもっとおしゃれにしたほうがいいのではないか」、「売り出したい商品の写真を大きく見せたら売れるのでは」などと、自社の店舗やサイトばかりを見てことを進めていく。そして失敗する。

ノウハウを持った人材が、自社サイトを立ち上げるときには、まずＥＣモールに先行して出店している競合店舗のやり方を徹底的に分析し、強みや弱点を洗い出し、どうすれば差別化できるかということを考える。同時にユーザーの

図1 ――― 物販系分野のBtoC-EC市場規模及びEC化率の経年推移

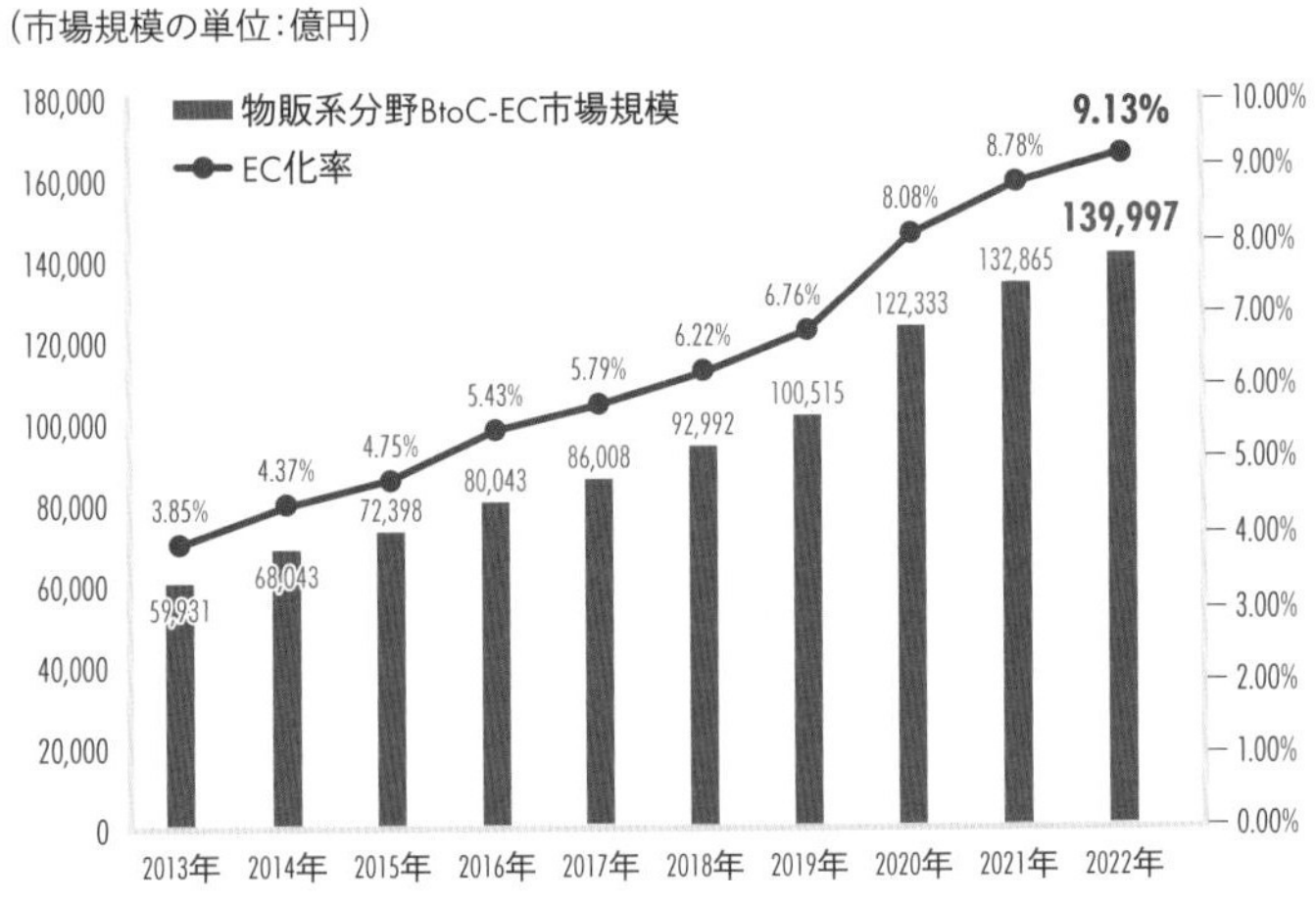

「令和4年度デジタル取引環境整備事業(電子商取引に関する市場調査)」経済産業省

自社サイトへのアクセス経路を詳細につくり出すことも並行して行い、その後サイトのデザインへと作業を進めていく。こうしてアクセスしやすい自社独自のサイトが出来上がるわけである。

「通販まるごとソリューション」が成功のカギ

ユーザーの消費・購買行動がＷｅｂに移行し続ける中、ＥＣ通販事業を強固なものとしていくことが、経営者の使命であり、企業の持続的成長へと繋がるはずだ。同じく私たちスクロール３６０は、その使命を果たすために存在する企業である。

本書では、「新たにＥＣ通販ビジネスをスタートさせたい」あるいは「既存事業のコスト削減や品質向上を実現させたい」という企業・事業者の皆様に、ＥＣ通販事業に特化した専門業者、エキスパートを活用することを願って筆を進めたものである。

とはいうものの専門業者も少なくない。あるＥＣ通販を手がける事業者向けのポータルサイトを見ると、９００を超える専門業者が１０００以上に細分化されたサービスを掲載している。その中から自社に必要なサービスを選んで検討を進めることになるわけだが、どれほどのノウハウやスキルを持っている業者なのか、なかなか見分けがつかない。この時代、自社が求めるエキスパート探しに時間と人的コストをかけるのはいかがなものだろう。

現在スクロールグループ全社が「ＤＭＳＣ（ダイレクトマーケティングソリューションカンパニー）」へと、さらなる進化を続けているが、その中でも、私たちが強化しているのが、物流代行、コンタクトセンター、決済代行、通販システムの開発、マーケティング、ＢＰＯ（Business Process Outsourcing）サービスなど「通販まるごとソリューション」を提供しているスクロール３６０である。

本書では、このスクロール３６０について、その実際を紹介していく。

２０２４年１月30日

株式会社スクロール　代表取締役社長　鶴見知久

株式会社スクロール３６０　常務取締役　高山隆司

CONTENTS

目次

第3章 スクロール360が提供する通販まるごとソリューション

終章 これからのEC通販の課題を解決していく企業としての使命

第1章

ユーザーの手元に届くまでの物語をメーカーが作り上げる時代

ＥＣ通販の成功は、ＥＣ通販特有の物流ノウハウを知るところから始まる

ＥＣ通販市場の規模拡大に伴い、ＥＣ通販に参入する事業者が増えている。公益社団法人日本通信販売協会の統計資料を見ると、日本国内におけるＥＣ通販市場の売上高は、２０１３年度から２０２２年度まで毎年増加を続けている。また、２人以上の世帯におけるネットショッピングを利用した世帯の割合も、同様に２０１３年度から増加を続けており、２０２１年度、そして２０２２年度には半数以上の世帯がネットショッピングを利用していることがわかった。同じく２人以上の世帯におけるネットショッピングの支出金額も増加傾向にある。２０２２年度は１カ月平均２万０８１０円となり、２００２年の調査開始以来、過去最高額となっている。ネットショッピングをする人、つまりＥＣ通販を利用する人は増加を続け、一人ひとりの支出額も大幅に増え続けていることがわかる。

一方、経済産業省の「令和４年度デジタル取引環境整備事業（電子商取引に

長い間の経験とそこから生まれた知恵が高度に集積され、最新鋭の物流システムが構築される

関する市場調査）」によると、物販系分野の「ＢｔｏＣ－ＥＣ市場における ＥＣ化率」、いわゆるネットショッピングに対応をしている企業の割合も、２０１３年から増加を続けており、２０２２年には９・13％を占めるまでになっている（Ｐ７図１参照）。

このようにＥＣ通販市場が年々拡大していく中で、「ＥＣ通販に新規参入したがうまくいっていない」というケースが見られる。特にＥＣ通販の物流現場でよく見かけるトラブルをいくつか挙げてみる。

＜トラブル❶＞ギフト用の注文の場合

ギフト用の注文の場合、送り先住所と注文者住所が異なることが多くなる。その際、経験の少ないスタッフが対応すると、送り先住所に届けられる商品に、請求書が同梱されてしまうことがある。

大切な方に贈るため時間をかけて悩んで選んだ商品に請求書が付いて送られていたら……。どのようなクレームになるかはご想像にお任せするが、このようなギフト出荷の伝票は、通常出荷と分けて区別がつくように伝票発行し、誤って送り先に届かないような対策が必須となる。

＜トラブル❷＞食品の出荷の場合

食品を出荷する場合、同じ商品の中でも賞味期限の迫っているものから「先入れ先出し」で出荷するのが原則である。そのため、同一商品にもかかわらず賞味期限の異なる商品を同一客に送ってしまうことがある。「賞味期限の違う商品が一つに梱包されているのはおかしい」というわけだ。たとえその中の1個が新しいものであっても「1個新しいのを入れてくれてありがとう！」とはならない。ロットをまたいで同一商品を複数個送る場合、賞味期限を揃えて出荷しなければならないのである。

＜トラブル❸＞伝票を先出しする場合

1週間後に配送指定されている注文に対応するため、伝票だけ先に発行しておき、配送指定日の前日の6日後に伝票を商品に貼付して発送したとしよう。もし、このお客様が決済方法として後払いを選択している場合、トラブルに繋がる恐れがある。

システムの設定で伝票発行から1週間後の督促となっている場合、商品到着と同時に後払いの督促もされてしまうからだ。伝票の先出しをするのであれば、伝票発行から何日後に督促状が出る仕組みを理解している必要がある。

EC通販物流はB2C物流である

今見たトラブルのケースに共通していえるのは、EC通販物流に関する知識不足が原因になっていることである。ピッキングや梱包、在庫管理や支払いなどの物流業務に関するEC通販物流特有の経験則やノウハウなどが足りずに失敗に至ったわけである。EC通販で企業とユーザー間におけるB2C物流は、メーカーが小売店舗向けに行っているB2B物流と、根本的に違うということを認識しないまま事業をスタートしてしまった結果の失敗といえるだろう。

また、中には物流戦略において「物流コストさえ下がればいい」と考えて判断を下す経営者もいる。彼らは、物流コストを削りたいばかりに必要以上に在庫を減らし、注文受付後に商品を手配すればよいと考える。その場合発生するのが商品発送までのスピードの低下であり、それによって顧客サービスが悪化し、結果的に売上が低迷していく。逆に、欠品を恐れ過剰な在庫を抱えて資本の回転率を低下させてしまいキャッシュフローの悪化を招く場合もある。

そうした失敗を喫することなく物流戦略を進めるためには、まず物流を「倉庫でピッキングして梱包したものを宅配会社へと渡すだけだろう」という考えは捨てることである。そして、EC通販のB2C物流特有の経験則やノウハウを手にした上で、大きなビジネス戦略の中に物流を位置づけて様々な施策を考え、実行していくことである。

B2C物流を顧客からの評価を高めるための「チャンス」に

EC通販におけるB2C物流は、単なる在庫管理や受注・発送業務ではない。エンドユーザーとのネット上のやり取りが実際の商品の動きと直結する重要な顧客接点であり、ユーザーからの評価を高める最大のチャンスでもある。

そもそも実店舗を持たないEC通販は、顧客に商品を届けるまでのバリューチェーンが他の小売業と異なっている。EC通販では、一般の小売業のような実店舗の代わりにネット上に仮想店舗を設置してユーザーのリアクションを受けて商品を販売している。そのため、まずはその存在を多くのユーザーに知らせ、サイトへアクセスをしてもらうことが重要となる。そしてサイトにアクセスしたユーザーが、気に入った商品をカートに入れ、注文ボタンをクリックしてもらうことで売上が立つ。

しかし、ネット上で注文する段階では商品そのものを手に取って見ているわけではない。サイト上の画像や商品スペック、説明文（コピー）などを参考にしているだけである。そのため画像やコピーなどのクオリティーはもちろん、魅力的なサイトをつくるなどしてユーザーの関心や注目を集めるための工夫を凝らし、いかにして購買意欲を掻き立てられるプロモーションを行うかによって売上は左右されることになる。この顧客接点となるサイト制作やユーザーインターフェース設計なども、B2C物流の重要なポイントとなっている。

EC通販ではアウトバウンドが不可避

また、一般的な小売業では、顧客との接点は基本的に店舗の中だけで完結している。店舗に置いてある商品を顧客が直接手に取り、レジで支払いを済ませてそれぞれで持ち帰るわけである。つまり通常の小売業における物流の場合、メーカー・問屋から商品を自社倉庫・店舗へ運ぶ、もしくは自社内で倉庫から店舗へ、加工センターから店舗へというインバウンドがほとんどである。

対してEC通販の物流では、ネットをはじめ電話やFAXなど様々な手段による受注、倉庫でのピッキング、出荷、配送というユーザーへのアウトバウンドが不可避となる。決済も一般的な小売業と比べると、代引きや後払いなど多様な手段を使うことができ、それがユーザーから支持されているところでもある。

このように、一般的な小売業とEC通販のB2C物流におけるバリューチェーンや物流の中身はまったく異なるものだと理解しておく必要がある。

「桶《おけ》の理論」

バリューチェーンの特性のことを、ＥＣ通販では「桶の理論」と呼んでいる。桶は何枚かの板を組み合わせて作られる。この板の高さが揃っていないといちばん低い所から水が流れ出してしまう。

同じようにＥＣ通販においても、魅力的な商品を調達し、見やすく使いやすいサイトをつくり、購買意欲をそそるプロモーションを打ち出したとしても、物流のレベルが低いと顧客からの評価を大幅に下げてしまうことになる。

例えば、注文を受けていざ出荷しようとしたら在庫が足りず、注文の半分を断らざるを得なくなったとしたら、顧客の印象はどうなるだろうか。また、商品が届き、箱を開けてみると中には商品が乱雑に詰められており、伝票も見当たらない。そうすると顧客はどう思うだろうか。

いずれの場合にしても、メーカーやショップに対する評価が下がり「二度とあの店では買い物をしない」と離れていったとしても何ら不思議ではないだろ

図2 ——— EC通販は桶の理論

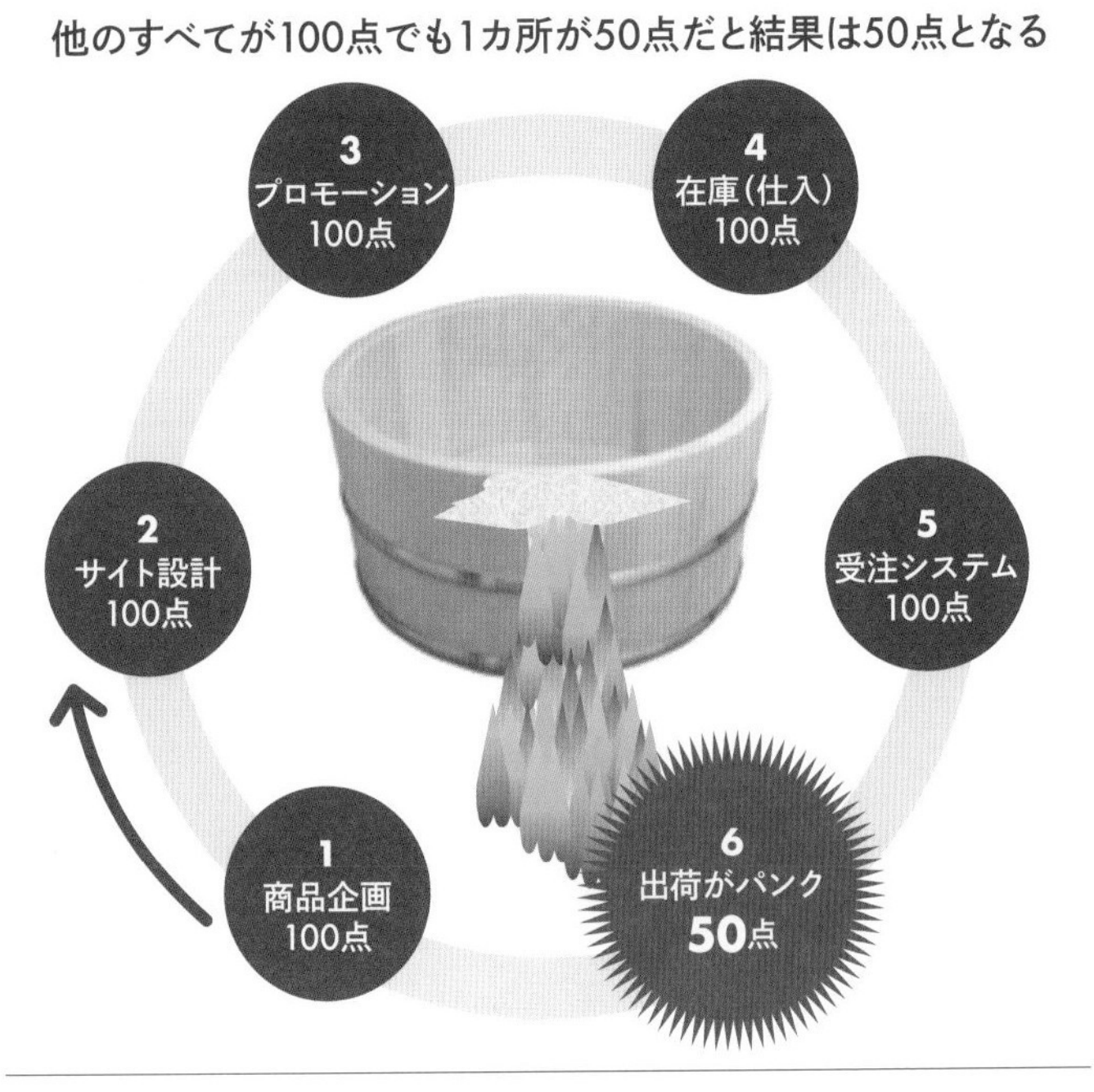

う。結果として、バリューチェーン全体の平均点が評価されることはなく、いちばん悪かった業務の評価がそのまま全体の評価に直結してしまうのである。自分で商品を持ち帰る実店舗なら、物流面で店の評価が下がるということは、まず起こることはないだろう。

ブランディング向上のチャンス

　では、サイトも含めて商品の良し悪《あ》しでは他社と差がつかない場合を考えてみよう。配送までの時間、開けたときのパッケージの印象、同梱物などでユーザーの気持ちを響かすことができれば、まず良い印象を与えることができる。そこで物流の良し悪しによって差別化を図ることこそが、ＥＣ通販における大きな戦略ポイントとなるのである。

　ＥＣ通販の場合、商品が届くまでにユーザーとの間で行うやり取り、コンタクトは基本的にインターネット上となる。だからこそユーザーにとって商品が手元に届いた際の第一印象が、ＥＣ通販事業を継続的に成功に導くために重要な要素となってくるわけである。
　例えば商品やホームページのイメージが和風だったのに、届いた商品のパッケージが洋風の花柄模様だったら、ちぐはぐで違和感を与えてしまうこともある。だからこそ梱包物まで含めて統一を図り、商品やショップのコンセプトをはっきりとさせることが大切なのである。そこで初めて、ユーザーにショップ名や商品名を認知してもらうことができ、モールでのレビューが増え、評価と共に売上向上に繋がっていくわけである。

　EC通販によるB2Cの物流においては、間に小売業者が入ることなくメーカーやショップとエンドユーザーが直接結びついている。そこにおいては、コスト面だけにとらわれることなく、ユーザーの期待を裏切ることなく、スムーズにミスなく業務が行われることが、事業者のブランディングを高める絶好の機会となっているのである。

先端部分を浮かせてテープを剥がしやすくするための工夫が施されている

ユーザーコミュニケーションがD2C市場を拡大

最近は、企業とユーザーを結ぶB2Cモデルの中で、モールなどを介さずメーカーとユーザーを直接結ぶD2C（Direct to Consumer）というビジネスモデルが注目を集めてきている。

D2Cでは、メーカーからユーザー方向への情報伝達に留まらず、ユーザーサイドのデータを集めやすくなっており、ブランディングにおいても強みを発揮している。そのコミュニケーション手段もメール以外にSNSのDM（ダイレクトメッセージ）を利用することで、直接的でより密なコミュニケーションが可能となっている。さらに仲介業者が存在しないことによって、各種手数料も発生せず利益率も高くなっていく。

D2C関連サービスを提供している「売れるネット広告社」が2020年に行った調査によると、D2C市場規模の推計値は2015年の1兆3300億円から2019年には2兆0300億円に伸びている。その後も順調に増加傾

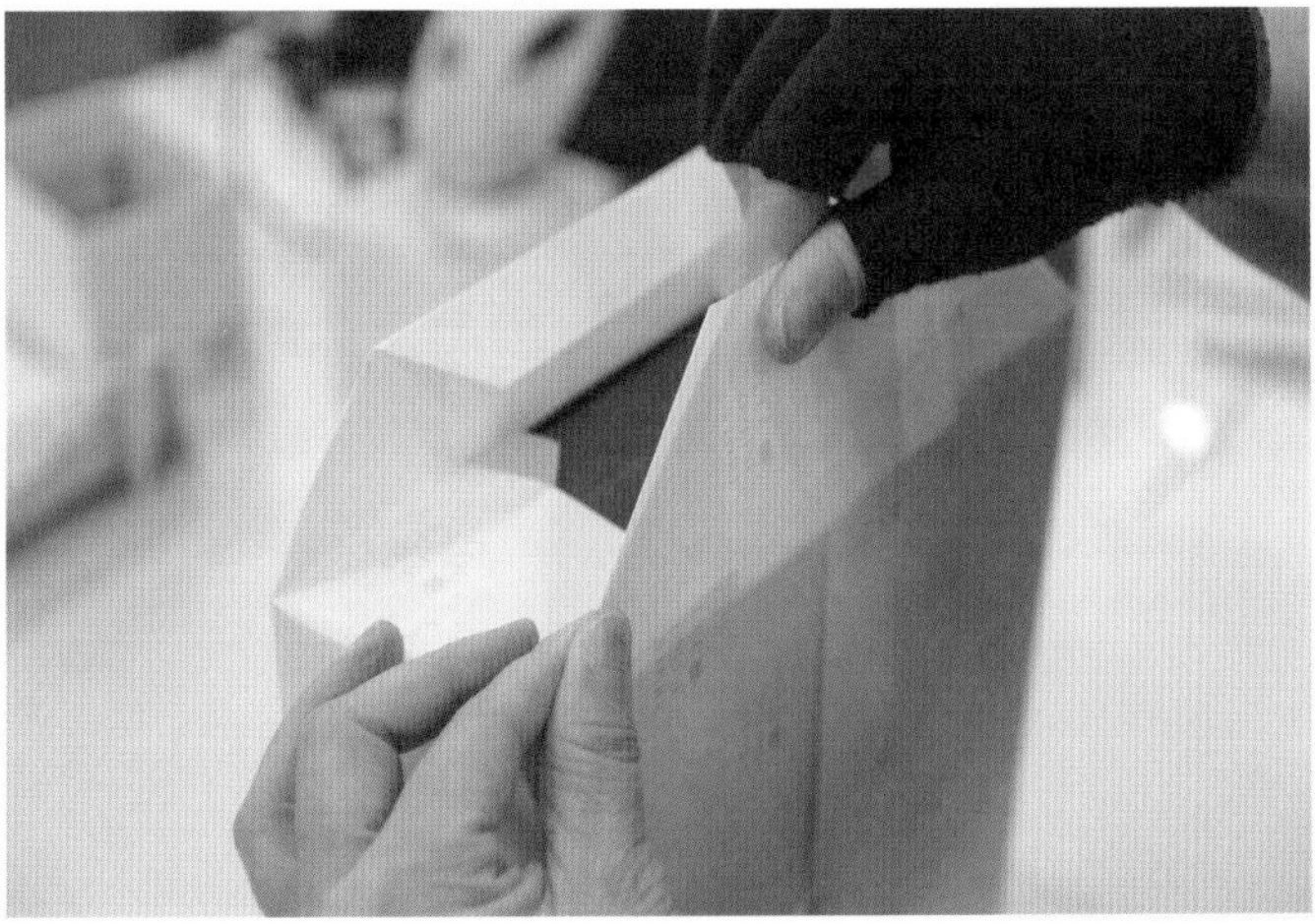
ひとつひとつ、入念な手作業で梱包

向が続き、2025年には3兆0600億円と、2013年の約2・3倍になると予測している。

D2C市場の規模が拡大していく背景として、スマートフォンやSNSの普及により、メーカーが個人ユーザーに向けて情報発信がしやすくなったこと、ユーザー側もその情報を収集しやすくなったことが考えられる。ユーザーが商品の情報を受け取る主な媒体がSNSであることから、購入する手段もEC通販が主になる。したがってメーカーにとっては、EC通販という顧客接点に注力することがユーザーを惹きつけるカギとなる。

第2章

スクロールグループが提供する〝360度〟の通販ソリューション

長年ＥＣ通販事業を手がけてきたスクロール
だからこそ提供できるソリューション

顧客層絞り込みと独自の工夫が通販事業成功のキーポイント

競合ひしめく厳しい市場環境にあって、メーカーがその存在意義を示す最大の方法は、商品開発である。モノづくりこそメーカーの本質であり、パーパスそのものであるため、メーカーの経営陣には、まずそこに最大限の資源を投入していくことが求められている。その一方でネット社会における販売戦略においては、第1章で解説した通り、インターネットを活用した商取引であるＥＣ戦略、ＥＣ通販事業の重要性は増すばかりである。

ＥＣ通販とは、ＥＣのうち特に物品の通信販売業のことを指す。その事業構

図3 ―――ソリューション事業セグメントのサービスメニュー紹介

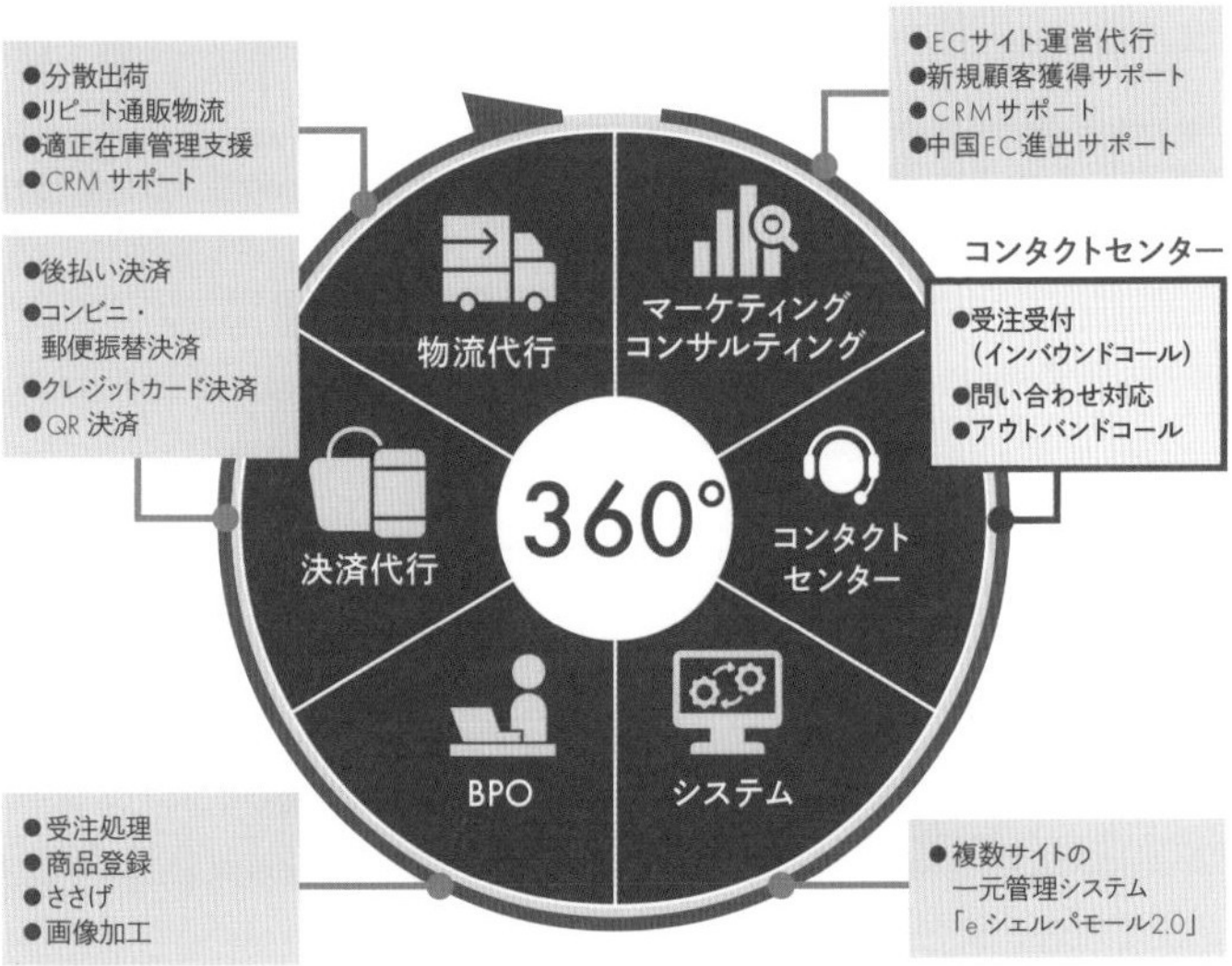

造は基本的に「事業モデル」、「マーケティング」、「フルフィルメント」の三つの主要要素で構成されている。

「事業モデル」とは「どういう顧客層に、どういう商品を、どのように提供していくか」ということである。

かつてはヒット商品を開発することができれば、スムーズに売上が伸びた時代もあった。しかし、顧客ニーズが多様化する中、EC通販市場においては競合他社がひしめき、競争は激しくなる一方である。そこでは単に商品や価格だけでなく、顧客層のニーズや属性を知り、商品のプレゼンテーション及び提供方法などにおいて、絞り込みや独自の工夫が欠かせなくなっている。さらにそれらを組み合わせた「事業モデル」の独自性が、ますます必要とされてきている。

EC通販における「マーケティング」では、インターネット上でのWebプロモーションが中心となるため、以前は検索で上位表示されるためのSEO対策やSNSでの話題づくりが重視されてきた。現在でもそうした施策の重要性は変わらないが、様々なツールやノウハウが普及するにつれ陳腐化している面があることは否めない。

実際、同じようなマーケティングを続けているうちに競合他社に競り負け、売上や利益を落とすケースも目に付いてきた。マーケティングも事業モデル同様、絞り込みや工夫が欠かせなくなっているのである。

「フルフィルメント」とは、「注文受付、在庫管理、出荷業務（ピッキング・梱包・発送）」など、商品が注文されてからユーザーに商品が届くまでの業務である。

近年、大手プラットフォーマー各社が、独自の配送網の構築にしのぎを削っており、近い将来、その重要性が増し、新たなコンペティションが始まることがうかがえる。いまやその一連の業務は、バックヤードのルーティンという捉え方では競争に勝つことはできない。そこでは「事業モデル」や「マーケティング」と連動させた取り組みが求められているのである。

そして、これら三つの要素は密接に関連しており、三つの組み合わせやバランスにおいて、どのように差別化を図るか。まさにそれこそが、これからの時代においてＥＣ通販事業を成功させられるかどうかのキーポイントとなっているのである。

通販事業成功のカギを握るアウトソーサーとは

メーカー各社では、それぞれにWebマーケティングやITリテラシーを駆使して戦略を立て、独自のECサイトを運営するなど多くの人員をはじめとする経営資源を注いでいる。

しかし、爆発的なSNSの普及やサブスクリプションの台頭などによって、先に見たようにEC市場においては、B2Cに留まらずD2Cに参入しようとするメーカーが増えてきている。

さらにこの先も日々新たな技術やツールが開発され、EC通販事業はますます複雑かつ重要になっていくことは論をまたない。その上で三つの要素の差別化を進めていくことは、大きな経営課題でもある。

複雑で煩雑な物流工程を中心とするEC通販事業を成功させるという経営課題を解決していく最適の方法の一つが、同事業における豊富な経験と実績を持つアウトソーサーを利用することである。そして各メーカーは、自社商品の開発・改良に全力を注ぎ、より良い商品を社会に提供することで、より社会に必要とされる企業へと発展するはずだ。私たちはそうしたメーカー各社を陰で支える存在でありたいと願っている。

780社を超える通販支援の実績を基に、顧客に合わせたソリューションを提供

1954年に婦人会服「トッパー」の直接販売からスタートして、約70年にわたってB2C通販事業を手がけてきた株式会社ムトウ（現・株式会社スクロール）が、株式会社ミック（現・株式会社スクロール360）を設立し、いち早く通販ソリューション事業を始めたのは1986年のこと。以来40年近くにわたってネット通販における豊富な経験と実績を蓄積してきた通販ソリューション事業のプロフェッショナル企業である。そうして培ってきた様々なノウハウを活用し、ネット通販企業の物流や受注、決済といったバックヤードの代行に留まらず、プロモーションやオムニチャネル戦略設計まで任されるような存在として知られてもいる。

スクロール360は設立以来、スクロールグループの通販を含め、通販支援

を行った企業は780社を超え、現在、ネット通販物流でサポートしている企業は約120社。毎日6万件の出荷を正確に遂行し、年間の流通総額は1200億円にのぼっている。

現在スクロールグループでは、スクロール360をはじめ、3万店舗以上に導入されている後払い決済サービスを提供する株式会社キャッチボール、『もしもアフィリエイト』（約1800件のアフィリエイトサービスを提供）を運営する株式会社もしも、中国成都市に拠点を置く成都インハナ（計33社にBPOサービスを提供）の4社が連携してソリューション事業を展開している。

高いカスタマイズ性でシステムを提供する業界で唯一無二の存在

ネット通販企業の物流や受注、決済といったバックヤードの代行をメインとしてきたスクロール360が強みとするのが、豊富な実績とノウハウを基にしたカスタマイズ性の高さである。

その一つが、複数のECサイトを一括管理することが可能なシステム「e

シェルパモール」である。一般的な受注管理システムはカスタマイズができず、決められた仕様に合わせて通販業務をすることが求められる。しかし「eシェルパモール」の場合、クライアントの要望に合わせたカスタマイズが可能となっている。

スクロール360では、受注が確定すると、まず基本のパッケージを定めて顧客に実現したい機能を綿密にヒアリングし、顧客が納得できる要件をしっかり定義していく。要件が決まったところでシステム開発を担当する委託会社と共にシステム開発を進めていく。現在のところ、多モール展開企業向け通販システムを販売している企業のうち、システムをカスタマイズできるところはスクロール360の他には一社のみである。さらに、物流倉庫を持っている企業の中でシステムをも販売しているのはスクロール360のみとなっている。つまり、通販業務の知識を持ちながら高いカスタマイズ性でシステムを提供する業界で唯一無二の存在が、スクロール360というわけである。

また、物流代行、受注代行、受注管理システムなど、様々な通販業務の支援・アウトソーシングを担えるとあって、一つの窓口で通販のあらゆる業務の対応が可能となっている。さらにこれらのサービスの組み合わせは、クライアントの要望に合わせて自由に行うことができる。そのため事業規模の拡大に合わせて、段階的に利用するサービスを増やしていくことが可能なため、事業戦略を考える上で使い勝手の良いサービスといえるだろう。

メーカーがEC通販事業を充実させることが求められている昨今、同業務の委託・支援にアウトソーサーを利用する最大のメリットは、先に述べたようにモノづくり企業が商品開発に集中できることである。EC通販サービスの充実が求められているのは確かだが、そこに人的リソースを割き過ぎると、メーカーとして本来注力すべき商品力向上へ向けた動きが鈍ってしまう。メーカーはEC通販業務をアウトソーシングし、商品企画に力を注ぐことで、さらなる売上向上が可能となる。

物流インフラ、システム、決済代行――通販を支える仕組みにも手を広げる

次にEC通販事業の流れに沿って、スクロール360が提供するサービスやソリューションについて見ていこう。

受注したその日のうちに出荷まで

まず、自社サイトや各モールから入った注文データは、スクロール360の受注処理ソフトにダウンロードされる。その際、支払方法として後払いを選んだユーザーには審査があり、それをクリアしないと後払いでの支払いはできず、代引きやクレジットなど、他の支払方法に変更することになる。

受注処理の現場では、毎日注文キャンセル、支払方法の変更、送り先間違い

による修正などに関する大量のメールが入ってくる。ここで、それぞれのメールの内容に応じた処理を行った後に、改めて受注データを物流センターに送ることになる。現在はメール文面に含まれるフレーズによって必要な処理別にある程度振り分けるソフトを活用することで効率的な運用が可能となり、お客様サービスに繋がっている。

メール対応を終えると、物流センターへ「出荷指示データ」が送られる。どのタイミング（時間）で送信するかについては、物流センターとの間で取り決めておく必要がある。一般的には、前日16時までの受注データを物流センターに送信し、翌日午前に出荷作業を完了。さらに当日12時までの受注データを13時までに物流センターに送信して、当日出荷を行うケースが多い。

物流センターでは16時までにピッキングと梱包を完了し、ヤマト運輸、佐川急便、日本郵便へ荷物の引き渡しを行う（一部地域の物流センターによっては、16時以降に引き渡しが可能）。

そして、物流センターから戻ってくる出荷報告データを確認し、顧客ごとの配送問い合わせナンバーを顧客に送信し、当日の業務が終了する。

商品データ作成のプロ「ささげ屋」

ＥＣ通販における最重要業務の一つに「商品データ」の作成がある。

リアルの店舗においては、ユーザーは商品を直接見て、手に取って触って確認してから購買するかどうかを決めていく。しかし、ＥＣ通販でユーザーが確認できるのはＥＣサイト上にある写真や商品スペック、説明文（コピー）などの商品情報、いわゆる「商品データ」のみとなる。したがって、その商品がいかに優れているのか、美しいものなのか、といった商品の魅力や特長を正確に伝える「商品データ」を作成することが重要になってくる。

「商品データ」作成における主な業務は、商品の「撮影」、「採寸」、「原稿ライティング」で、この三つの業務を、それぞれの頭文字を取って「ささげ」と呼んでいる。

自社スタッフで簡易的な「ささげ」業務を行う物流センターも存在するが、スクロール３６０では「ささげ」業務を専門に行う株式会社ささげ屋と提携し

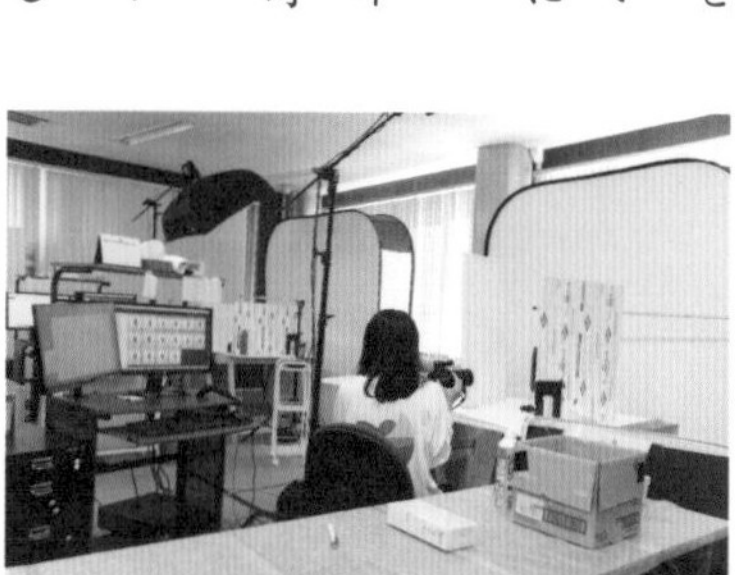

商品の物撮スペース。一点一点、確認しながら撮影が進む

てクライアントへ提供している。「ささげ」のプロフェッショナルが対応することで、写真や原稿のクオリティーは格段に上がり、業績アップに貢献しているわけである。

次にささげ屋について紹介しておこう。東京に本社を置き、2006年4月から「ささげ」業務のアウトソーシング受託を開始。スクロールの物流センターにささげ屋の分室が設置されたのは2012年1月だ。

ささげ屋は専属のカメラマンやライターを擁し、そのクオリティの高さから現在業界最大手の一つとなっている。

そのキャパシティーはというと、例えばアパレル商品の場合であれば、1SKU（Stock Keeping Unit：物流における最小単位で、同じ商品でも異なるカラー、サイズ、入り数であれば、それぞれを一つのSKUとしてカウントする）あたり7～8カットだとして、1ブース75～100SKUの撮影が可能である。同社では撮影だけでなく、撮影した後のトリミング、レタッチ、採寸、ライティングまで行っている。

通常の「ささげ」業務であれば、商品を受け取って撮影などをした後、データを顧客に納品し、商品も返却して終了となるが、ささげ屋と提携するスク

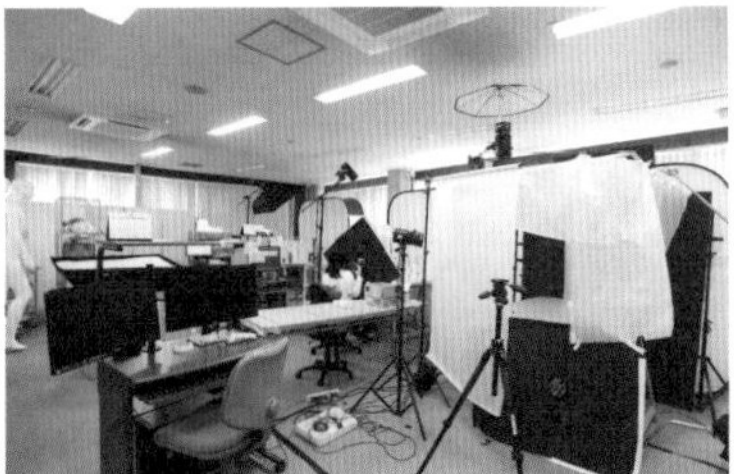

大きな商品を撮影するスペースも併設されている

ロール360の場合は、そこでは終わらない。静岡県磐田市にあるスクロールロジスティクスセンター磐田（以下、SLC磐田）に設置されているささげ屋分室において、楽天市場やYahoo!、Amazonといったビッグモールへのデータアップロードまで対応している。つまり、EC通販事業者は、対応してほしい商品の「ささげ」のリストを作成して事前に渡しておけば、自社社員が何もしなくても「商品データ」の作成から販売開始までを自動で行うことができるのである。

「ささげ」の技術

商品の画像の良し悪しと文言（コピーライティング）によって売れ方が大きく変わる。

まず撮影である。例えばカメラのレンズは人間の目よりも赤色を拾いやすい性質がある。そのため、撮影した画像と実物とを人間の目で見比べながら、より実物の色に近い色へと色味調整が必要となってくる。また、最も難度の高い

撮影と並行して、採寸作業も進められていく

白と黒の商品を撮影する場合は、白飛びしたり黒色が潰れてしまったりしないようにライティングに細心の注意を払うことになる。さらに、スマホとPCのモニタとでは見え方が異なるので、どちらを優先するかをクライアントに確認した上で調整することも必要となってくる。そうしたきめ細かな注意を払いながら、クオリティーを高めていくのがプロの技術である。

さらに、商品そのものをよく見せるだけではなく、購入者に商品を使用する際のイメージを持ってもらう工夫も必要だ。例えば、バッグの購入ページであれば、手に持ったときのイメージを画像で見せることで納得感が得られる。その場合、人型のシルエットと重ね合わせて「身長が何cm程度の人が持つと、このぐらいのサイズ感になります」といった画像をつくるわけである。

次にコピーである。例えばシャツの模様を表現するにしても、単純に「横縞のTシャツ」と書くより、「今年流行りのボーダー柄Tシャツ」と、「今」を強調したり、最先端をイメージさせるような文言を入れたほうが消費者の購買意欲をそそることができる。こうしたコピーは、事前にクライアントとコピーライターの間で打ち合わせをした上でライティングとデータアップロードをすることになるが、回数を重ねてコピーライターがクライアントのブランドコンセプトなどの理解を深めれば、クライアントのチェックを通さずアップロードしていくこともでき、段階的にリードタイムを短縮することもできる。

スクロール360では、「ささげ」のノウハウとスキルを持つプロフェッショナル、ささげ屋を活用することで「売れる商品データ」を提供している。

顧客体験を高めるコンタクトセンターとは

かつて通販業界では、電話やFAXによる受注業務を行う部門を「コールセンター」と呼んでいた。一方、EC通販では「コンタクトセンター」と呼んでいる。なぜなら顧客との通信手段として、電話の他にホームページや電子メールが加わったからである。そして、コンタクトセンターは、注文データについてくるコメントをはじめ、大量に受信するメールなどから顧客要望を正確に受付・整理・分析などを行い、顧客体験を最高のものにするという使命を背負うことになったのである。

そのためコンタクトセンターにおいては、単なる注文の受付に留まらず、通販に関するユーザーの不安や不満に対応できる業務知識を持って対応することが求められるようになった。そして、その対応力がサービスの一つとしてメーカーのブランディングを支える一助となっているのが現状である。

次に、コンタクトセンターで見られる典型的なケースを挙げておこう。

〈ケース❶〉

ユーザーから「母親にギフトを送ったのに代引きにしてしまったので、送り先を自宅に変更してほしい」という依頼があった場合。

↓コンタクトセンターA

「すでに発送済みですので送り先変更はできかねます」

↓コンタクトセンターB

「同じ配送センターのエリアでしたら、発送済みでも送り先変更は承ります」

〈ケース❷〉

ユーザーから「注文した商品がなかなか届かないので、注文をキャンセルしたい」などのキャンセル依頼があった場合。

↓コンタクトセンターA
「キャンセルを承りました」
↓コンタクトセンターB
「ご注文の商品の入荷予定を確認したところ本日入荷がございます。明日には発送可能ですが、いかがいたしましょう」

〈ケース❸〉

ユーザーから「また不良品が届いたので回収してほしい」とクレームと回収依頼があった場合。
↓コンタクトセンターA
「大変申し訳ございませんでした。承知しました。回収にお伺いいたします」
↓コンタクトセンターB
「大変申し訳ございませんでした。前回回収にお伺いしましたのはご自宅ではなく、お勤め先だったのですが、今回はいかがいたしましょう」

基本的に配送システムが整っている場合、いずれのケースもシステムを熟知していればコンタクトセンターBの対応ができる。仮に配送システムが整っていない場合であれば、経験豊富なコンタクトセンター側が事前にクライアントに対して、そうしたケースのオペレーションについてマニュアル化することをスクロール360は提案している。

こうしたEC通販特有の顧客対応を知らずに対応すると、表面的には誤ってはいないものの、顧客体験としては不十分と言わざるを得ない。その点、47社からコンタクトセンター業務を受託しており、豊富なEC通販における顧客対応経験を有しているスクロール360のサービスレベルの高さは揺るぎないところである。

後払い導入で出荷が20％増加する

EC通販における決済（支払い）方法には、クレジットカード払い、代引きに加え、後払いがあるといい。後払いは、その言葉の通り、注文して商品が届いてから払えばいいという仕組みである。万が一購入者の支払能力がなくなっても、ＥＣ通販事業者側には入金されるという、債権保証付きの決済方法である。

後払いを導入した後、出荷件数が４カ月間で１４０％となったＥＣ通販事業者がある。後払いを選択するユーザーは34％であったため、出荷の伸び率とおよそ同程度となっていることから、後払いを選択できるようになったことで出荷件数も伸びたと考えられる。

この事業者の場合は、後払い導入後に、後払いで支払うとお得になるキャンペーンを行ったこともあり、これほどの伸び率となったと思われる。一方、クレジットカードと代引きしか使えないところに後払いを加えたスクロール３６０の物流クライアントの平均では、１２０％の成長となった。後払いを導入したことで、20％程度受注が増加したのである。

後払いという選択肢を増やすだけで、なぜ売上が増やせるのか。その理由として、以下のようなものが挙げられる。

・ユーザーが高校生、専業主婦などであり、クレジットカードを持っていない
・セキュリティーへの不安を抱いており、ネット上でクレジットカードを使

用したくない
・代引きは配達時に在宅している必要があり、時間の都合がつかない
・商品を実際に見て納得してから支払いに移りたい

このように、ユーザーにとって後払いのニーズが生まれる理由は多数あり、後払いを選択できるようにすることで売上が増加することは理解しておきたい。

後払いサービスのポイントは二つ

現在、ＥＣ通販のための後払いサービスを提供する企業は国内に7社存在している。後払いの基本的なサービスはほぼ同じであるが、ＥＣ通販で使用するために重要なのは審査スピードと貸倒率の2点である。

審査スピードについては、審査終了までの時間が短ければ短いほどいいのは明らかだろう。特に、ネット利用者はこうしたスピードに関する感覚が鋭い傾向にある。審査スピードが速ければ速いほど顧客体験の向上に繋がっている。

貸倒率とは、それまでの取引の中で、取引先が支払不能になるなどして回収できず損失となった債権の割合を指す。貸倒率が高ければその分利用料は高くなり、逆に低ければ利用料は安くなる。後払いを選択した顧客がもし支払不能になった場合は、後払いサービスを提供する企業が負担することになり、ＥＣ通販業者には購入代金の全額が支払われるため、貸倒率がそのまま利用料に跳ね返っているわけである。

「後払い．ｃｏｍ」を運営するＣＢ社をＭ＆Ａ

スクロールグループで後払い決済サービスを提供しているのが、先ほど触れた株式会社キャッチボール（以下、ＣＢ社）である。ＣＢ社は、２００７年にベンチャー企業として「後払い．ｃｏｍ」の運営を開始した、業界で２番目に古い会社として知られている。そして２０１３年にスクロール３６０がＣＢ社をＭ＆Ａし、以後よりユーザーに喜ばれるサービスの提供で、スクロールグループのソリューション事業を決済代行の面から支えている。ＣＢ社にとってもスクロールグループに加わったことで資金面や信用面が充実し、より高度なシステム開発、運用ができるようになったのである。

わずか0・6秒でスピード審査

後払いにおける強力なパートナーを得たスクロール360には、一つ大きな財産があった。スクロールグループが60年以上にわたって有しているカタログ販売の後払いのデータやノウハウである。そこには、具体的な支払不能になる購買者の行動傾向を示すデータも含まれている。そうしたことも踏まえて、瞬時に審査可能な独自の審査システムを開発した。

この審査システムでは、購入した商品や住所、名前などの情報を入力すると、わずか0・6秒で貸し倒れになるかならないかが判定される。もちろんグレーゾーンにあたる判定結果が出る場合は、人の手に委ねているが、その数は多くない。

この審査システムを駆使することでCB社の審査能力は大幅に強化された。

さらに貸倒率が低下し、利用料金を下げることができた。CB社はスクロールグループに参加したことで、売上を当時の2億円から2022年度には24億円にまで伸ばしたのである。

ちなみに、後払いのためのコンビニ（CVS）での振込用紙は、コストとクレーム発生を防ぐことを考えてスクロール360の物流センターで印字して商品と同梱している（振込用紙を別送すると「後払いを選択したのに振込用紙が入っていない」というクレームが発生する）。

こうしたEC通販に関するスクロール360のソリューションサービスを踏まえ、第3章ではより具体的な内容と共に解説をしていく。

第3章

スクロール360が提供する通販まるごとソリューション

物流倉庫を持たずにＥＣ通販を実現する物流代行サービス

スクロール３６０のソリューション事業最大の強みは、クライアントのＥＣ通販事業全体を「まるごとサポート」できる「通販ワンストップサービス」である。

スクロール３６０が提供するサービスと同様のサービスを提供する企業は他にもあるが、一社ですべてのサービスを提供している例はない。さらに、70年に及ぶ通販事業を手がけてきたスクロールの実績とノウハウにより、そのどれもが通販に特化した質の高いサービスとなっている。

ここでは、そうしたスクロール３６０の各サービスについて詳しく見ていきたい。

国内各地に展開するスクロール360の物流倉庫

企業が、新たにB2CやD2CのEC通販事業を展開するにあたって大きな課題となっているのが物流用の倉庫の存在だ。初めから倉庫を建設するのはリスクが高い。しかし物流用の倉庫がなければ受注に対応しきれない。スクロールグループでは、全国に九つの倉庫（総床面積約20万㎡）を稼働させており、倉庫を持たないメーカーをサポートしている。

現在スクロール360では、EC通販事業を展開する企業の物流業務を代行する3PL（3rd Party Logistics）戦略のもと、全国展開を行っている。拠点を北海道の札幌市をはじめ、茨城県つくばみらい市、埼玉県北葛飾郡、静岡県の浜松市に3カ所、磐田市、袋井市、そして大阪府大阪市に2カ所の合計10カ所に置き、そのそれぞれに対応して物流倉庫を運営している。

昨今はBCP（事業継承計画）の観点から、同じ商品でも複数拠点から出荷する動きがある。複数拠点からの出荷を行っていれば、一つの拠点で感染症の

STOP
STOP

SLC浜松西
延床面積7万7686㎡（2万3500坪）

拡大や火災発生のために出荷ができなくなった場合でも、別の拠点から出荷できるからである。

また、出荷拠点を複数持つことで、商品を購入したユーザーに近い拠点から発送することもできるようになる。例えば、つくばみらいと大阪で出荷対応をしていれば、関東のユーザーにはつくばみらいから出荷し、関西のユーザーには大阪から出荷するといった形だ。その結果、配送距離が短縮されて輸送コストが下がり、翌日配達エリアも格段に広くなるという利点が生じるわけである。

物流倉庫の最先端をいく「SLCみらい」

2020年5月、つくばみらい市に最新鋭の設備を備えた物流センター、スクロールロジスティクスセンターみらい（以下、SLCみらい）が竣工した。「人と機械によるおもてなし物流と、出荷キャパシティの両立」をコンセプトとしたSLCみらいの設備やシステムを通じて、スクロール360が提供するソリューションサービスに迫る。

SLC磐田
延床面積3万2066㎡
（9700坪）

ＳＬＣみらいの掲げる「おもてなし物流」とは、先述したように、物流を重要な顧客接点と捉えて顧客体験を高める手段の一つとする考え方を指す。おもてなし物流を実現するために、全部を人の手で対応するのではなく、人が手を動かすところと機械に任せるところをうまく分担し、効率化しようというわけである。

ＳＬＣみらいは、つくばみらい市を貫く常磐自動車道のちょうど中心に位置し、谷田部ＩＣと谷和原ＩＣの中間の地点にある。つくばエクスプレス・みらい平駅からは車で4分程度の距離にあり、物流拠点としての強みと通勤の利便性の両方を確保している点は、クライアントにとっても働く者にとっても有り難いところである。つくばみらい市の統計によると、２０１５年から年々人口が増加しており、ＳＬＣみらいは地域の雇用にも貢献している。

ＳＬＣみらいは、敷地面積1万４９７６㎡（４５３０坪）、延床面積2万９９４７㎡（９１４７坪）を誇り、スクロール３６０の倉庫の中では3番目の延床面積を持ち、現在1日あたり30万件弱の注文に対応している。

ＢＣＰ観点から見ても、災害に対する強靱《きょうじん》さが魅力の一つとなっている。まずは強固な地盤を持ち、洪水も発生しない地域特性がある。

また、停電時でも出荷作業ができるように発電設備が設置されている。建物も震度8にも耐えられる構造となっており、安全性を確保している。

快適な空調・照明、福利厚生面の充実が顧客へのサービスを高める

5階建てのSLCみらいの1階は、保管と入出庫を担っている。奥行き11mの大梁《おおばり》があるため、雨の日でも商品を濡らさずに入荷作業ができるようになっている。事務所をはじめ会議室や応接室、オペレーション室、食堂などのオフィススペースは2階に集結させている。そして3〜5階でピッキングと出荷作業を行っている。

では、そこで働く環境はどうなっているのだろうか。

一般的な賃貸の倉庫の場合、大量の商品を保管するために天井が6m程度と高く、空調が効きにくい。そうなると従業員は、夏は暑く冬は寒い環境の中で一日作業することになる。SLCみらいの場合は1階の保管庫を除き、天井の高さを3・5mにしているので、十分に空調が効いている中で快適に作業がで

SLCみらい　常磐自動車道にも隣接。首都圏各所への交通至便な立地
延床面積2万9947㎡（9147坪）

きるのである。

また、天井が低いことで照明も効き、手元が明るい状態で作業することができる。さらに明るさを確保するために、照明器具を碁盤の目を描くように交差させて配置した。よくある倉庫の照明は1列に蛍光灯が平行に並ぶため、棚の上に照明が配置されると1列分の光がまるごと遮られて暗くなることがよくある。SLCみらいではそれを避けるための照明配置となっている。その照度は、おおよそ一般的なオフィスと同じ程度である。

コロナ禍でオープンしたSLCみらいには、オペレーション室の隣に従業員が体温を計測して記録するスペースを設けている。オペレーション室との間はガラス張りになっており、そこで顔を合わせるところから、「思いやりと感謝」の作業が始まるのである。もちろん業務の性質上、土日も稼働しており、土日出社に関してはシフト制を採用している。

飲食店の少ない倉庫周辺の立地環境にあって、従業員の食環境を整えるのは、健康で働いてもらうためにも必須である。広い食堂を設け、メニューにも栄養面と飽きさせない工夫を凝らした。また筑波山はもちろん、晴れた日には富士山まで見られるという眺望を活かしたベランダを設けた。ベランダでの休

明るく、整理・整頓といった「5S」が徹底された作業空間

憩は快適で午後の作業の活力にもなっている。

スクロール360のEC物流業務では、「届いた段ボール箱を開けたときに、お客様が笑顔になること」をテーマとして梱包作業を行っている。ユーザーやクライアントはもちろんだが、まずは、自社で働く従業員たちに笑顔で働いてもらいたいとスクロール360は願っている。

大量保管を可能とする移動式ラックを採用

では、実際にクライアントから商品が倉庫に到着して、ユーザーへと配送されるまでの流れに沿って、SLCみらいの設備を見ていこう。

SLCみらいでは、クライアントの工場から届いた商品は、1階の保管庫に搬入される。3~5階の出荷場には2日分程度の在庫があれば十分で、それ以外の在庫は1階の移動式ラックに保管している。

入荷ロットと種類が多い化粧品やサプリメントの取り扱いが大多数を占めるため、一度にトラック10台分、160パレットが入荷されることもある。

そのため、大量のパレットを保管するための設備が備えられており、実に3000パレット分の収納が可能である。

限られた空間を有効活用するために、移動式ラックを採用した。移動式のラックを採用することで、フォークリフトが入って作業する通路だけ開けておけば、残りのスペースには隙間なくラックを置くことができる。通路を開ける作業もフォークリフトで通りたい位置のラックのボタンを押すだけと、いたって簡単である。

ミスのない同梱物戦略を叶《かな》える印刷と梱包の仕組み

化粧品やサプリメントのリピート通販の物流で重要なのが、同梱物制御である。初めて定期購入を申し込んだ顧客には、初回購入のお礼メッセージカード、2回目は次のメッセージと購入商品と購入回数に応じて同梱物を変えることで、継続購入を高める手法を取る。したがって、顧客ごとに同梱物を正確に封入できることが物流センターに求められる。

五感のすべてを集中させた仕事が「おもてなし物流」を形づくる

同梱物においては、すでに様々な取り組みがされている。例えば手書きの挨拶状やメッセージカードが入っており、そこに押し花を付けて温かみを演出していたりする。その同梱するメッセージなどがクライアントから支給される場合は、同梱するだけで済むが、多くの場合、同梱物そのものを作るところから依頼されることがほとんどである。

ＳＬＣみらいでは、商品と共に入れる同梱物を自社で印刷制作するところから対応している。以前「そちらで折り鶴を折って、それを同梱してほしい」と依頼され、鶴をひと月で15万羽折り、挨拶状とセットにしたこともある。そのときには、従業員に折り鶴を折るための試験を受けてもらい、折った鶴のくちばしや尻尾がピンと伸びていないと合格にはしないという徹底ぶりだった。また、様々な同梱物の対応を行ってきたノウハウを基に、新規のクライアントに対しては、そのクライアントの想いを実現するための同梱物を提案している。

同梱物の印刷を行っているのが、２階に設置された4台のバリアブル印刷機である。１日に数万件分の印刷が求められる場合もあり、１時間あたりＡ４用紙６０００枚の印刷が可能な高速で精密なプリンターは、なくてはならない設備となっている。伝票類も併せて出力しており、ＳＬＣみらい全体の作業効率を高めている。

バリアブル印刷機では、一人ひとりのお客様にカラー印刷のコンテンツを変えることができる。例えば地震や水害のあったエリアのお客様には災害お見舞いのメッセージ、リアル店舗を展開している企業なら、お客様にいちばん近い店舗のセール情報やクーポン券を印刷して同梱することができる。

同梱作業においては、同梱物を間違えないように数量のミスや封入ミスのないように、細心の注意を払うことが重要であり、ＳＬＣみらいをはじめ、スクロール３６０の物流倉庫では、常に万全の体制を整えて、対応している。

効率的でミスのない出荷をサポートする機械化

ＳＬＣみらいでは入荷検収、ピッキング、検品、梱包といった業務を「人と機械の融合」というコンセプトで行っている。

では、ＳＬＣみらいで行われている自動梱包の手順について紹介していきたい。まず、検品の工程から見ていこう。

３０００パレットの保管能力を持つ移動式ラック

スクロール360では検品はPOS検品を採用している。お客様に送る納品書のバーコードを読み、送らなければならない商品の一覧を画面に呼び出し、商品を一点一点バーコードで読み取っていく。もちろん、間違った商品を読むとエラーの音が鳴る。そしてお客様に送るすべての商品が合っていると初めて送り状が出る。間違っていたら送り状が出ないので、誤送は極限までない状態になっている。その後は人間による梱包、送り状の添付となる。

この工程をさらに進化・自動化させたのが、自動梱包レーンである。納品書のバーコードを読み、商品のバーコードで検品するまでは同じなのだが、そこからは自動梱包装置の出番となる。段ボール板の上に納品書と商品を載せ、ベルトコンベアに載せると、自動的にシュリンク加工され、自動梱包後に送り状が貼られる。シュリンク加工するのは段ボール箱の中で商品同士がぶつかって破損しないようにするためだ。

この自動梱包装置のお陰で大量な出荷を圧倒的なスピードで対応することができ、効率化とコスト削減を実現できている。人の手でやらなければならないことと自動化できることを見極め、正確・丁寧でかつ大量な出荷にも対応できるセンターを実現しているのだ。

「スピード」と「品質」を両立させる仕組みが、一つひとつの商品に生命を吹き込む

ユーザーのもとへ届ける荷物を完璧な状態にするための仕組み

出荷場で注意すべきことの一つが、異物を混入させないことである。

異物混入で重度クレームになるのが傷絆創膏《ばんそうこう》の混入だ。作業中に手が汗ばんだり細かな埃《ほこり》が着いたりして、気付かない間に荷物の中に落としてしまい、そのままユーザーの元に届いてクレームが発生してしまうケースがある。

そこでスクロール360の各倉庫では、センターで用意した青色の絆創膏を使用することにした。青色にしたのは、肌色の絆創膏と違って、はがれ落ちてもひと目でわかるからである。些細なことのように思えるかもしれないが、ユーザーが箱を開けたときの不快感を考えると、注意すべき大きなことなのである。また、青色の絆創膏に貼り替えることをルール化することで、作業者自身の注意力を向上させる効果もある。そのルールでは、出勤時にどちらの手のどの指に絆創膏を着けているのかも記録し、終業時には絆創膏を貼っている本人だけではなく、別の従業員と共にチェックすることになっている。

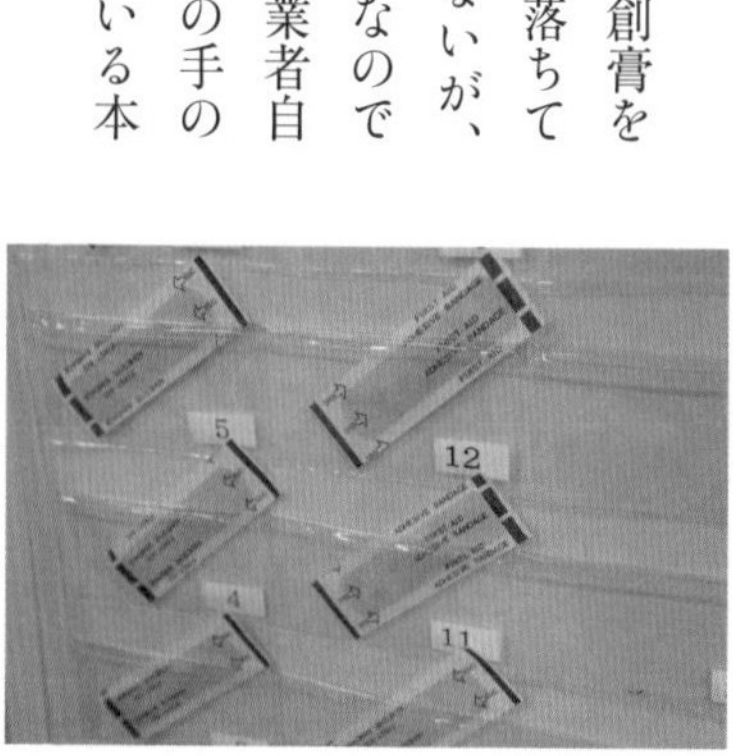

番号が付けられ、特別に用意されている青色の絆創膏

また、はさみやカッターナイフなど作業に使用する道具も、混入しやすい異物である。そこで作業に使用するはさみ・カッター類はホワイトボードに見やすいように並べて保管している。例えばカッターを使用するときは、取ったカッターの空いたところに自分の名前を記入する。誰がどのカッターを使っているか一目瞭然となる。

そして、業務終了後は「必ず元あったところにカッターを返す」よう指導されている。

業務終了後、管理責任者はすべてのカッターがホワイトボードに返っているか確認し、業務終了となる。使用したカッターをホワイトボードに返さぬまま帰ってしまった場合は、家まで電話して、カッターを物流センターまで戻すよう指示するというほどの徹底ぶりである。

当然のことだが、各倉庫への私物の持ち込みは制限されている。さらに、業務中は、異物混入を起こしやすいネイルやつけまつげ、ネックレス・指輪などのアクセサリー類は身に着けないようにしており、また匂いがつかないようにするため、香水もつけないように徹底している。

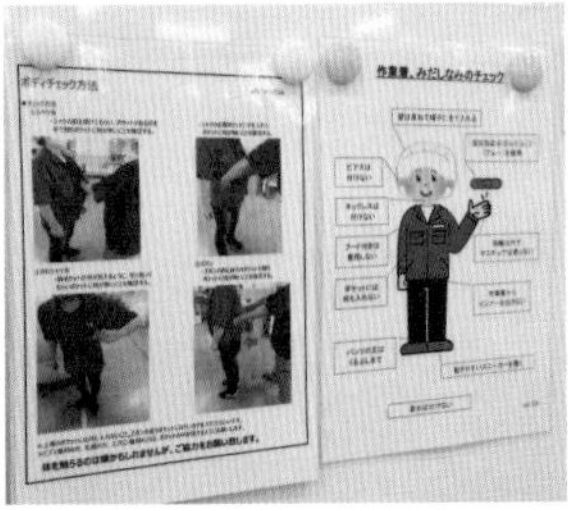

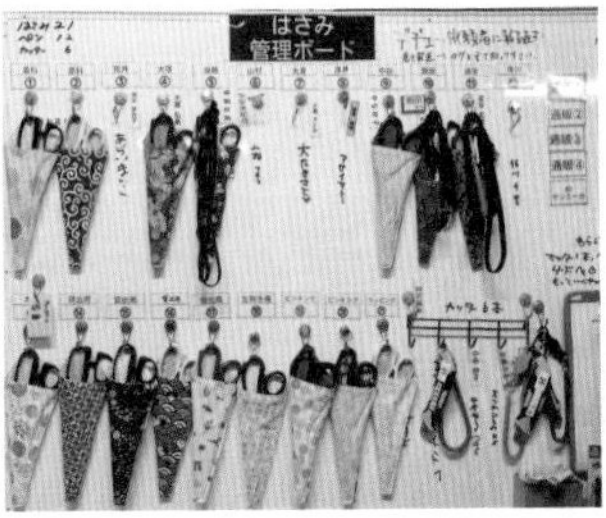

異物混入、商品の流出を防止するため、様々な厳しいルールが設けられている

コンプライアンスとセキュリティの観点から、商品の流出についても厳重な取り組みがなされている。

例えば服装では、商品を隠して持ち出しやすいフード付きの服を禁止している。同じくパンツの丈はくるぶしまでとし、ポケットには何も入れない。髪は束ねて帽子の中にすべて入れる。作業着からインナーは出さない。歩きやすいスニーカーを履く――などと細かく定められている。

さらに作業員が休憩で出荷場を離れるたびにリーダーがボディーチェックをして、ポケットの中に何かが入っていないかどうかを確認している。ボディーチェックに関しては、出荷場内にボディーチェックの手順を写真付きで解説した貼り紙まで設置する徹底ぶりだ。

こうした厳しいルールの下、スクロールの物流倉庫では出荷する荷物の品質を担保しているのである。

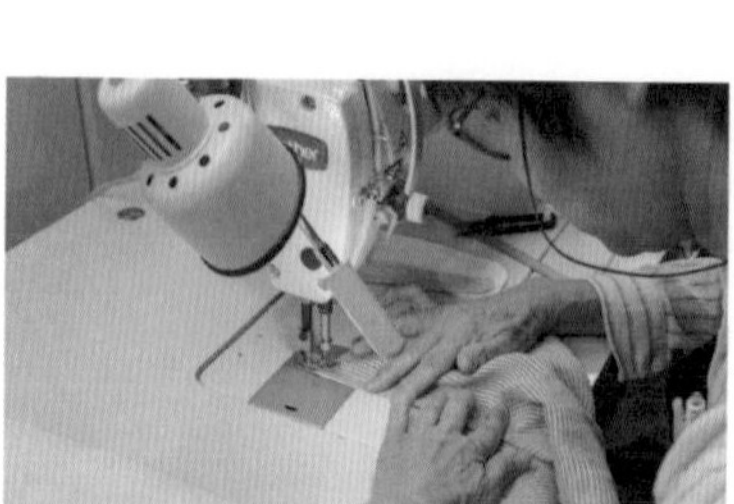
ワイシャツの袖丈詰めのような細かい縫製ができるミシンが配備されている

扱う商材に特化した設備と対応

化粧品をメインに扱うSLCみらいでは、5階に化粧品製造許可の免許を必要とする商品の加工ルームを設置している。

もちろん化粧品そのものを作るわけではないが、例えば海外から輸入した製品に日本語の品質表示ラベルを貼ることも化粧品製造にあたるからである。

また、化粧水、乳液、クリームなど、複数種類の製品をアソートして箱に詰め、外装に品質表示ラベルを貼ることも化粧品製造にあたる。化粧品製造許可を持たない業者がその作業をすると、その業者は薬機法違反に問われてしまう。

また、磐田市（静岡県）にあるSLC磐田は、アパレルに強い物流センターである。ここではなんとワイシャツの袖丈詰めができる縫製加工場が完備されている。

ワイシャツ専門店が持っているる東京のフィッティングルームでサイズ計測し、袖丈もピッタリの長さを測り商品を確定する。

お客様のリクエストに応じたサイズの調整も配送センターで対応が可能

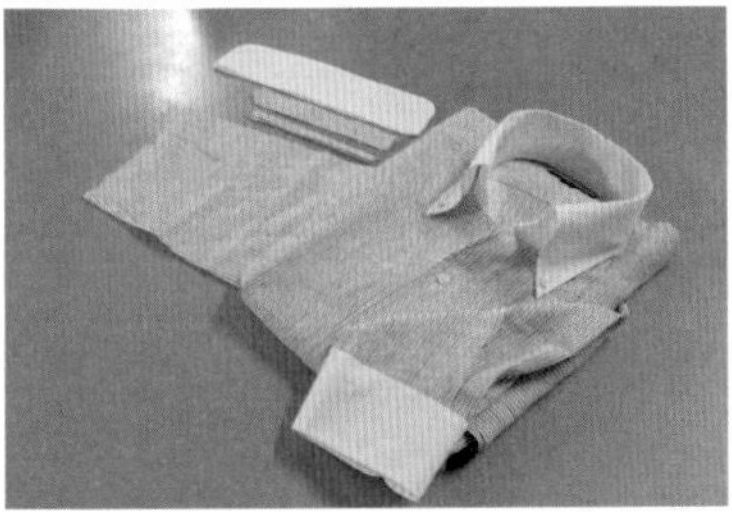

フィッティングルームでWEBサイトにオーダーと袖丈の加工指示がインプットされると、翌日にはSLC磐田にピッキングと加工指示データが出力される。

その指示に基づいて、SLC磐田の縫製加工場でワイシャツの袖丈詰め後、梱包・出荷され、その翌日には体にピッタリのワイシャツが自宅に届くのだ。

また、SLC磐田には、ユーザーの注文内容に応じて自動で刺繍《ししゅう》を行う自動刺繍機も設置されており、ユーザーニーズに応えている。赤ちゃんが生まれた友人に赤ちゃんの名前入りのベビー服やブランケットを贈れるので大変好評となっている。

このように倉庫内に特殊な作業のできる設備を完備することで、他社と差別化したサービスを提供できるようにし、クライアントの事業発展に寄与していくのがスクロール360のEC物流の特長といえる。

名入れやイラストの入る特別製の業務用刺繍機も配備されている

配送キャリアへ引き渡す直前まで、物流の工夫を怠らない

さて、SLCみらいの5階で梱包された荷物は、今度は各階を通っているベルトコンベアで1階まで降りていく。ベルトコンベアのお陰で荷物を籠車に入れ、エレベーターに乗るという一連の作業が不要となり、人件費の削減がなされた。

1階に流れてきた荷物は、送り状のバーコード（情報）が読み取られ、自動的に輸送方面別に仕分けられる。

配送会社は、通常、荷物を集荷した後に自社の物流センターでラインに流して方面別に分ける作業を行っている。しかしSLCみらいではセンターで方面別に仕分けしているため、配送会社のセンターでの仕分け作業が不要となり、輸送コスト低減に反映されることになっている。

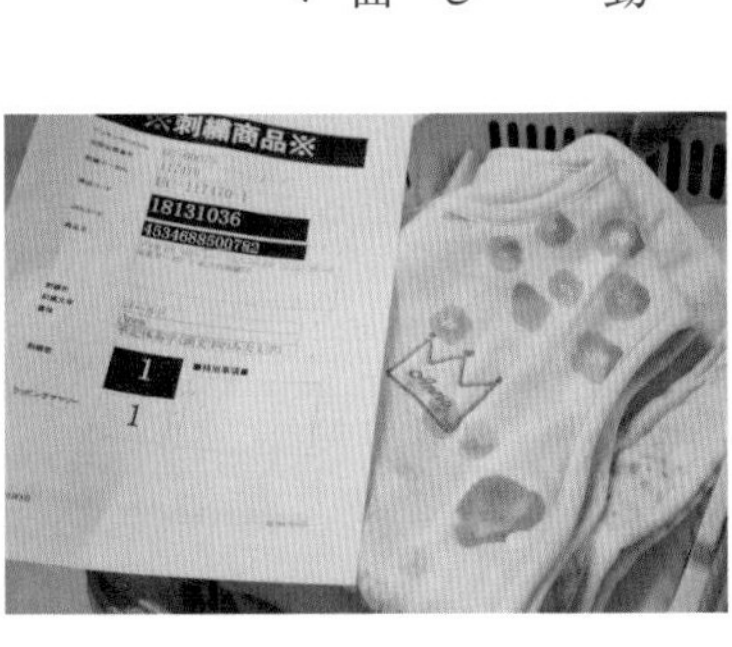

お客様のご要望にお応えした商品を完成させるのも担当者の喜び

良い物流をつくるのは、清く正しい職場環境

ここまで最先端の物流拠点であるＳＬＣみらいを中心として、スクロール３６０の物流センターについて、主に設備面やシステム面について見てきた。ここで改めて、従業員が気持ちよく働ける環境づくりの一環として取り組んでいる「５Ｓ」についても述べておきたい。

５Ｓとは、ご存知のようにトヨタ自動車が掲げたスローガンであり、企業・組織がまず初めに守るべきこととされる「整理・整頓・清掃・清潔・躾《しつけ》」という五つの取り組みだ。トヨタでは、あらゆる決まりごとや仕組みをつくっても、それを守らない人がいては意味がない。ルールから逸脱した作業にならないよう、こうして作業に臨む姿勢について、出荷場内で貼り紙もして、従業員の意識向上に繋げたのである。

整理は、作業に必要なものとそうでないものを分けて、必要でないものを捨てること。整頓は、道具を使いやすいように置いておくこと。清掃はゴミ・汚

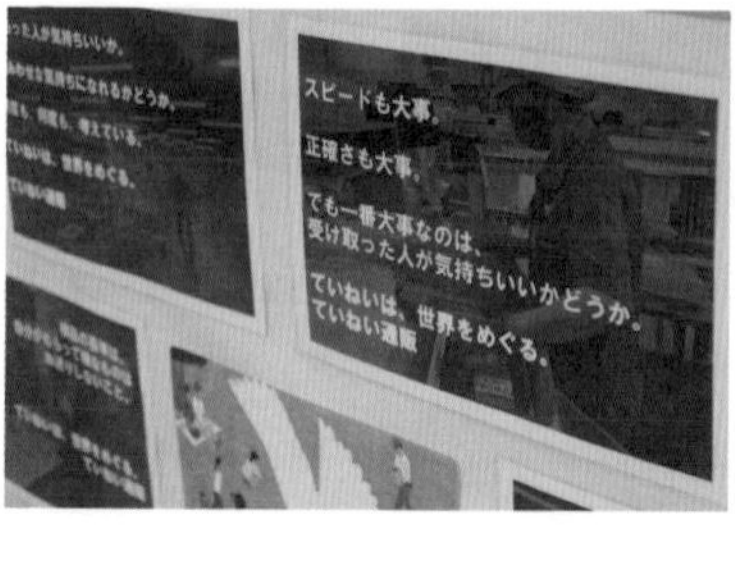

荷物を取り扱うすべての従業員が心の中にしっかりと刻んでいる言葉

れのないきれいな状態にするため、掃除をすること。清潔はここまでで挙げた整理・整頓・清掃の三つを徹底して維持すること。躾は、決まりごとやルールをいつも正しく守るよう習慣づけることである。

スクロール360の物流センターの出荷場内には、まず「毎日元気よくあいさつしよう！」との標語が掲げられている。同じく掲示されている挨拶の一覧には、「おはようございます」、「ありがとうございました」、「お疲れ様でした」という基本的な挨拶の他、「いらっしゃいませ」、「少々お待ち下さいませ」、「かしこまりました」といった、さらに丁寧なフレーズも並んでいる。

気持ちの良い挨拶が交わされれば、従業員同士のコミュニケーションも取りやすく、仕事のしやすい職場環境が形成されることになる。まずは挨拶からという当たり前のことから確認しているわけである。

そこには、「確認」、「報・連・相」の徹底を促すメッセージも貼り出されている。作業にまつわる決まりごとや指示内容の理解があやふやなままであったり、問題が発生した際の周囲への伝達を怠ったりすると、自己判断によって対応を誤ってしまうケースも発生する。そのようなトラブルを防ぐためにも、適

顧客企業様からいただいた感謝のプレート。ここで働く者のすべてが歓喜した最高のプレゼント

切なコミュニケーションと理解を従業員に徹底させていこうというのである。

いくら機械・設備が最新のものであっても、動かしているのは人である。だからこそスクロール３６０の物流センターでは、人と機械の融合を大切にしているのである。

今見てきた取り組みや設備の中には、ＥＣ通販事業を始めたばかりの企業でも同じように対応できるものもあるかもしれない。しかし持っているノウハウや割けるコストの下では実現不可能なものも多数存在することも事実である。

だからこそ、多種多様な商材や、量の多寡を問わず出荷対応を行っている物流代行業者のスクロール３６０の存在が必要となっているといえるのである。

Column

現場コラム①東日本ロジサポート部――

人と機械の融合を実現し、未来を拓く物流をつくる

東日本ロジサポート部長・栗林輝広

スクロール360の物流代行を動かすロジサポート部の力

クライアントと物流現場との間に入り、商品の出荷をスムーズに行えるように物流代行に関わるあらゆる調整・進行・管理を行っているのが、各地で活動するロジサポート部である。

その業務は、商材や出荷の件数、現状の課題についてヒアリングするところから始まり、納品書をどのような形式で出力するか、緩衝材や段ボール箱

にはどういった材質のものを使うかなどの細かな仕様の打ち合わせ、そして物流現場でのオペレーションにまで落とし込むところまでと多岐にわたっている。さらに物流拠点となる物流センターづくりは、ロジサポート部に与えられた大きな役割の一つとなっている。

物流代行業務が開始されてからも、新商品発売に伴う仕様変更やキャンペーンの企画などの対応も行っており、スクロール360の物流代行の中心をなす部署である。

最新鋭機器を揃えたSLCみらい稼働開始

2020年に稼働を始めた最新鋭の設備を誇る物流センター・SLCみらいの設立プロジェクトが立ち上がったのは2017年のことだった。その後、建設当初より指揮を執ったのが、現在東日本のロジサポート部隊を率いる栗林輝広であった。

「中途入社8年目にSLC浜松西の新棟の立ち上げがあり、自らプロジェクトに参加し、当時としては自分の思い描いた通りの物流センターを建設することができました。

栗林輝広（東日本ロジサポート部長）

しかし、完成し、実際に稼働し始めると、頭の中で描いたものと齟齬《そご》のあるところがいくつかありました。例えば、スペースを広くするために非常用階段を外に設置してしまったため、従業員が自由に移動しにくいという使い勝手の悪さが生まれてしまいました。次のチャンスがあればそうした部分を含めてチャレンジしたいと思っていたので、また自分から手を挙げたところ、任せてもらえることになり、とてもうれしかったですね。もちろんＳＬＣみらいでは、内部に非常用階段を設置しました」

自ら参加することでチャンスを手にした栗林は、物流センターを立ち上げることの面白さについてこう語る。

「一般的にＥＣ通販事業における物流センターは自社で建てるのではなく、借りてくることのほうが多いんです。だから、自社の物流センターを建てるプロジェクトに参画できる機会というのは非常に貴重で勉強になります。

自社物流センターとして、何があれば業務を回しやすいか、効率がいいのかと考えて、導入すべき機械はこれなど、建屋の設計まで様々なアイデアを詰め込めるだけ詰め込んでいくわけです。とはいえ予算との兼ね合いを考えながら削っていくことにはなりますが……。建築会社さんと相談しながら進めていったことで、今まで知らなかった建築の知識が身に付いて、建築物に関する見方が変わっていったりしました。そうした経験はとても興味深いものがありました」

また、SLCみらい立ち上げにあたって、栗林の胸には共に物流に携わる人々へのこんな想いもあったという。

「従業員に長く勤めてもらって、技能を向上し続けていってほしいということです。だから、他社の物流センターで働いたことのある人が、『作業環境が良くてすごく働きやすい。ここで働き続けたい』と思えるように、空調や照明などの作業環境についてとことん考え抜き、リラックス空間となる食堂やベランダの快適さを追求しました。それに、作業する環境が厳しくて嫌になって辞められたりしたら、設計する側として非常に悔しいですからね」

「まずは任せてみる」社風を醸成

二つの物流センターを立ち上げた栗林は、その経験から後輩たちの育成方針を獲得したという。

「SLC浜松西でできたこと、できなかったこと。やったけど思う通りにい

社員一人ひとりとのコミュニケーションが何より大事だと語る栗林部長

かなかったことなど、そこで経験したことをＳＬＣみらいで活かすことができました。当たり前のことですが、まずは一度経験すること、さらに経験を重ねていくことで知識が身に付いて、気づくことも増えていき、建築会社などの専門家相手にも自分の意見を言うことができるようになります。中でもその道の専門業者とのやり取りは、普段以上の緊張感もあり、自分を成長させてくれたと思っています。

そうした経験を踏まえて、後輩たち、特に新人たちにはとにかく仕事を任せてみるようにしています。そこで問題があれば自分で考えてもらう。もちろんそこで放っておかずに相談に乗ったり、アドバイスをしたりはします。そして答えは自分で出させるようにするわけです。

そうして積極的に経験を積んでいった後輩たちが、今、スクロール３６０の各物流センターで、管理、運営を中心になってリードする課長、ユニット長クラスとして活躍しているのを見ると、誇らしいですね」

「まずは任せてみる」。わかっていても難しいことを栗林は実践した。そして今、その姿勢・方針が、徐々にスクロール３６０の中に浸透しつつあると栗林は感じている。

さらなるSLCの機械化・省力化に取り組む

現在、栗林は、今後も加速することが予測される人手不足問題の解消をめざして、センターの省力化に取り組んでいる。

「SLCみらいは人口の増え続けているエリアに建てたので、今はまだ雇用に関して困っていることはありません。ただ、さらに少子化が進んだ10年後、20年後にどうなるか。EC通販市場はこれからも拡大していく中、物流センターの需要は増えることはあっても減ることはありません。

これから人手不足がさらに深刻化していくことは目に見えています。そこで考えなければならないのが、センターのさらなる機械化による省力化です。

SLCみらいは、機械化を進めることを目的に建てた物流センターで、他センターの半分の人員で運用できるようになっています。それをさらに省力化していくことが課題となっています。

そこでは、機械メーカーの技術の発展を前提とする一方、センターでのオペレーションを見直し、少人数で運用できる体制をどう構築していくかが問われます。それを構築していくことが、今後の私たちロジサポート部隊に与えられた使命であり、大きな役割となってきています。実にやりがいのある仕事だと思っています」

Column

現場コラム②東日本ロジサポート部

任せられた若手は、自分で考え、行動に移していく

東日本ロジサポート課ロジサポート第1ユニット リーダー・星野文菜
東日本ロジサポート課ロジサポート第1ユニット・櫻本真央

任せられたから、自慢できる仕事ができた

大卒新卒採用で入社し、栗林の下で薫陶を受ける2019年入社の星野文菜と2022年入社の櫻本真央の2人は、共に「自慢できる仕事」があるという。まずはリーダーの星野の話である。

「入社4年目の時に、初めて当社を利用することになった化粧品を取り扱うクライアントのメイン担当になりました。

星野文菜（東日本ロジサポート課）

その際に初めて当社倉庫への移管対応の提案をさせていただきました。梱包用の箱の改善案を出したところ採用していただいたのですが、それが、それまでやってきた仕事の中でも特に誇らしく感じている仕事だと思っています。

それまで、そのクライアントが使われていた箱の形状では、お買い上げ明細書や小さなサンプル類を入れるのに必要以上の手間がかかっていました。しかも商品の下に入れなければいけないので、明細書やサンプルにお客様が気付かずにそのまま捨ててしまうことが多く、問題となっていました。

そこで、箱の設計変更を提案しようと思い、関係各所と連携を取り提案に漕ぎ着けることができました。明細書とサンプルを捨ててしまうというクライアントにとっての大きな問題と、センターでの業務効率改善を実現できたうえ、箱の無駄なパーツを削減することにもなり、ＳＤＧｓにも貢献できる仕事になりました。

さらに、白黒印刷だった明細書をカラー印刷にして広告も載せ、販促効果を狙えるようにもしました。

箱を開けると、きれいなカラー印刷の明細書と広告がまずお客様の目に飛

櫻本真央
（東日本ロジサポート課）

び込んでくることになるので、販促効果の観点や見栄えの良さから、クライアントからも喜ばれています」

櫻本も、同じく梱包用の箱の設計変更で印象に残っている仕事があるという。

「そのクライアントは飲料メーカーでした。その当時、ＥＣ通販サイトで売り出しているコーヒーのセットが、１００サイズ（長さ、幅、深さの三辺の合計が１００㎝以内）の箱でないと入らないと言われていたのですが、それだと少し隙間があることに現場ヒアリングを通じて気が付いて、箱の寸法の比率を見直したところ、寸法を調整すれば80サイズに収められることがわかりました。箱のサイズが小さくなれば送料が安くなるというメリットも盛り込んで、新たな箱を作ることを提案しました。クライアントの担当者の方は『ぜひやってください』とすごく喜んでくださいました。新しい箱は三辺の比率をカスタマイズした特注の箱ということになるので、梱包作業自体、より効率的に進むというメリットもあります。送料削減を実現するだけではなく、商品のサイズに合った箱で送ることで、緩衝材自体の削減と過剰包装を防ぐことになるので、クライアントにもかなり貢献できたと思います」

先輩たちに相談しながら自分で考え、実行する面白さ

栗林の「まずは任せてみる」という育成方針について、2人はどう感じているのだろうか。

現在メイン担当として2社のプロジェクトを抱える星野は、「びっくりするぐらい、いろいろな仕事を任せてもらえる」と言った後、こう続けた。

「入社1年目から、『担当を持って、クライアントと直接話してみなさい』と言われてメイン・サブ担当としてそれぞれ何社か担当させていただきました。もちろん最初の頃は、規模が小さくて出荷量が少なかったり、長年の関係構築によりコミュニケーションの取りやすいクライアントの案件を任されました。それでも『自分にできるのかな』という不安がありました。

例えば、クライアントが他社の倉庫から当社の倉庫へ移管するとき、効率的に出荷を実施するためにクライアント側に運用の変更をお願いすることがいくつか発生します。同梱物の入れ違いがないように作業連番を打ってもらったり、Ｅｘｃｅｌでしか管理していなかったデータをスクロール３６０で使うシステムに合わせて形式を変えてもらったりするわけです。細かい調

整まで必要になってくるので、その進行管理を担当者としてやっていけるのか、本当に不安でした。

任せられたからといって、放っておかれたわけではありません。上司や先輩たちには気軽に相談できましたし、相談したら『あなたはどういうふうにやりたいのか』という部分をすごく聞いてくれました。一つひとつの作業では大変なこともありましたが、やり遂げたときには言いようのない達成感があります。

そこで、自分で考えて進めるというやり方が身に付いていった気がします。地道な仕事もたくさんありますが、振り返ってみるとその一つひとつが経験となって蓄積され、自分の自信にも仕事のクオリティーにも反映されていると思います」


「入社して、本当にやることが多いことに驚きました」という櫻本は、入社2年目にしてメイン担当2社、サブ担当2社の計4社の業務を務めている。

「クライアントから、あまりはっきりとした形になっていない、曖昧な要望が上がってくることがあって、それをヒアリングして整理して、『こういう

「自分で考えて仕事を進め、経験が蓄積されていくことが本当に楽しい」と語る星野、櫻本

ふうにやってみませんか』と私から提案していく案件も少なくありません。まだ2年目なのに、そこまで任せてもらえるとは思っていませんでした。ロジサポートの業務は、クライアントからエンドユーザーのお客様が実際に手に取って喜ばれるところまで、実にたくさんの工程があって、その一つひとつを連続して経験していけるところが楽しいです。

クライアント企業の担当者も、センターの作業担当者も、自分より年上の方がほとんどで、私たちから様々なことをお願いする形でのコミュニケーションには難しいところがあります。時には両者の間で板挟みになることもありますが、そのような状況の中でも自分で考えたものを提案していくことができているところがロジサポートの面白さだと思います」

櫻本は今、ロジサポートの仕事に充実感を持っているようである。

栗林が、この2人に施した「まずは任せてみる」育成方針は、実際に若い人材にとっても成長を実感できる結果に繋がっていることがわかる。

Column

現場コラム③東日本ロジサポート部、中日本ロジサポート部

スクロール360の物流代行を、より強くするために

東日本ロジサポート課長・大野恭典／中日本ロジサポート課ロジサポート第3ユニット長・足立百合子／中日本ロジサポート課ロジサポート第4ユニット長・相方大樹

ロジサポートから見たスクロール360の強み

栗林の下で鍛えられ、現在各地のロジサポート部で課長やユニット長として活動している3人のリーダーたちに登場してもらおう。大野恭典はSLCみらい、足立百合子はSLC浜松西、相方大樹はSLC袋井とSLC浜松を担当している。

まず、物流代行業者としてのスクロール360の強みについて、東日本ロ

大野恭典
（東日本ロジサポート課長）

ジサポート部で課長を務める大野に聞いた。

「あらゆる物流業務をはじめＥＣ通販の様々な仕組みを、クライアントの使い勝手のいい仕組みにカスタマイズし、ワンストップで提供できるところが、スクロール３６０の最大の強みだと思います。

以前、クライアントの通販データの管理システムを開発したことがあります。そのクライアントでは、それまで手動でデータを取って、Ｅｘｃｅｌに入力してデータ管理をしていました。そこで、そのクライアントが必要とするデータを自動で選択し、リスト化し、定期的に報告されるシステムを開発して提供しました。そのシステムは、長期にわたってそのクライアントだけで使えるシステムで、人的コストをはじめ管理業務におけるコスト削減に大いに貢献しています。

スクロール３６０には、物流代行はもちろん、自社でシステムを開発したり、コンタクトセンターを運営したりするなど、ＥＣ通販にまつわるすべてのサービスが揃っています。ここまで揃っていて、しかもカスタマイズできる物流代行会社を、私は他に知りません」

大野と同じく、「定型のサービスとしてガチガチに固まっているわけでは

足立百合子
（ロジサポート第3ユニット長）

なく、カスタマイズ性の高さが強みです」と語るのは、中日本ロジサポート部のユニット長である相方である。

「競合他社の中では、物流代行の依頼に対して、自社の形にはまらないと受け付けてもらえないとか、トラブルが生じた場合のペナルティーを要求されるケースもあると聞きます。スクロール360では、クライアントの業務にフィットさせるようにカスタマイズするという考え方でやっています。他社から物流代行を移管してこられたクライアントから『前の倉庫でできていなかったことが、スクロール360でできるようになった』と感謝されることが少なくありません。そんなとき改めて当社のサービスのカスタマイズ性の高さが、業界の中でも一歩先をいっていると実感します」

相方と同じ中日本ロジサポート部のユニット長としてSLC浜松西を管轄する足立は、柔軟な人員調整ができる点を強みとした。

「クライアントの中には、EC通販の繁忙期と閑散期の差が激しい、季節ものの商品を取り扱っている事業者もいます。そうした事業者は、繁忙期になるとアルバイトや派遣の従業員をかき集めて業務を回したり、社員が長時間の残業をして何とか出荷作業を完了させたりしています。当社では、作業量に応じた従業員の調整が可能となっているので、そこも強みの一つだと思います。

特に私が管轄しているＳＬＣ浜松西の場合、スクロールグループの母体である株式会社スクロールの通販事業の倉庫がエリア内にあるので、グループ内での柔軟な人員調整が可能になっています。そのためクライアントが抱えていた『閑散期になると社員が暇になる』という大きな課題を解決しています」

もっと強い会社になるために

現場のリーダーである彼らが、スクロール３６０がさらに成長するために挑戦したいと思っていることがあるという。

現在、物流センターの現場で各種作業に従事しているのは、グループ会社や協力会社の社員たちである。そこで「物流センターで、実際に手を動かし、現場をより深く理解できる体制を実現したい」と言うのは大野だ。

「ロジサポートのメンバーをはじめ当社の社員が、物流センターの現場に入っていって作業することができたらいいなと思っています。現在も、現場の従業員の方からオペレーションに関する情報を吸い上げてはいますが、それだけでは見えてこない問題があるのも事実です。私たちがオペレーションの作業を実際に担当するという体制にして、自分たちがつくった仕組みや導入した機械を動かした結果を、自社内で取得・共有して効果を検証していくところまでやれば、そうした現在問題になっている部分が明らかになり、改善していけると思います。

　また、化粧品やアパレルを取り扱うことに関しては、スクロール３６０には高いノウハウがあるのですが、今ＥＣ通販業界の商材として伸びている食品については、まだ成長の余地があります。全国的にも食品のＥＣ通販に対応できる物流代行会社は少なく、市場のニーズに追いつけていない状況です。そういったブルーオーシャンの領域に飛び込んで、さらに業界を一歩リードできる存在をめざしています」

　足立は、ノウハウを蓄積する仕組みやその情報を共有し、一人ひとりの成長を促す仕組みづくりの必要性を訴える。

「すごくバイタリティーのある社員の場合、自分の関わっていないプロジェクトでも積極的に話を聞きに行き、情報を取り込もうとしています。どんどん周りとコミュニケーションを取る人は周囲からも頼られて、いろいろなことを任されるようになります。そうしてその人はどんどんノウハウを蓄積しながらスキルアップし、業務全般を俯瞰《ふかん》で見ることができるのと同時に、クライアントにより良い提案をできるようになっていきます。その人が得た情報やノウハウに対して、誰もが簡単にアクセスすることができれば、ロジサポート部全体のスキルが格段に向上すると思っています。

具体的なモノを売るのではなく、経験やノウハウ、知恵を売っている私たちロジサポート部にとって、メンバーが揃って成長することこそが、最高のサービスを提供することに繋がります。

そのために、例えば誰でもアクセスできるところにケーススタディー集のようなものを作って、それを常に更新していく仕組みをつくるなど、全員が一緒に成長して、業界随一の強い物流代行の会社にしていきたいと思っています」

時代の危機感を強く覚えて、物流センターのさらなる自動化を主張するのは相方である。

相方大樹
（ロジサポート第4ユニット長）

「これまでも物流センターの自動化に注力し、最新のＳＬＣみらいの自動化は、同業他社の物流センターと比べて一歩リードできていると思っています。ですが、マテハンやロボットの技術革新が加速する現代において、そこで安心して終わっていては、あっという間に追い抜かれ、置いていかれることになりかねません。当社の他のＳＬＣでも、まだまだ自動化の余地がある拠点も残っています。

もっと視野を広げると、海外のＥＣ通販の物流センターと比べると、日本はまだまだ遅れているのが実情ではないでしょうか。特に少子化が進む日本では、労働人口の減少にどう対処するかが課題になっています。

これまでの自動化は、自動化した分、人件費を浮かせるというメリットの下で行われていた側面がありますが、今後はもはや、働く人がいないので、自動化を進めないと業務がパンクしてしまうという段階に入っていくと思います。どのような時代でもクライアントの物流業務を担えるように、自動化をさらに進めて『誰でも作業ができる』という範囲を広げていきたいと思っています」

Column

現場コラム④営業部

現役・営業担当者が語る「おもてなし物流」で求められる人材とは

営業推進チーム長・宮本侑弥／営業部営業第1課営業第1ユニット長・稲葉健太
営業第2課営業第3ユニット長・長谷川裕

スクロール360は、物流代行業務のオペレーションを構築するロジサポート部門とクライアントの開拓、商談、コンサルティングを担当する営業部門に大きく分かれて「おもてなし物流」を推進している。そこで求められる人材について、EC通販ビジネスの最先端でクライアントとの折衝に全力を注ぐ、営業部のリーダーたちの証言を集めた。

物流ソリューション営業の面白さ

コンタクトゼロからクライアントとの接点をつくるのは、宮本侑弥が統括する営業推進チームである。営業推進チームが様々なアプローチ手段を駆使して、見込み客のニーズとスクロール360の提供するサービスがマッチすることを確認した段階で、稲葉健太や長谷川裕が率いる営業ユニットのメンバーへとリレーされ、具体的なビジネスの話へと進んでいく。

まずは、スクロール360が提供する形のない商材である「ソリューションサービスを売る」という営業の面白さについて尋ねてみた。

営業第1課のユニット長を務める稲葉は、「EC通販業界の情報スピードの速さ」に魅力を感じるという。

「EC通販業界というのは、商材をはじめシステムなど、あらゆる分野で流れが非常に速い業界です。日々新しい情報が出てくるので、常にアンテナを張って情報を集めて、集めた情報を仕事に活かすことが求められます。そのサイクルの速さについていくところに面白さを感じています。

例えば、2020年から拡大した新型コロナウイルス感染症の影響という

稲葉健太
（営業第1ユニット長）

のはＥＣ通販業界に大きな影響を与えました。単純に巣ごもり需要でＥＣ通販の利用者が増えただけではなくて、利用者のＥＣ通販サイトを閲覧する時間が長くなったのです。というのも利用者の購買スキルがアップして、非常に買い物上手になったからです。中でも顕著だったのが楽天市場で、楽天スーパーセールと同様に楽天マラソンを利用する人が増えたことです。楽天スーパーセールは販促広告が多く、存在を認知している人も多いのですが、実は楽天マラソンのほうがポイントを貯めるという点では利用者にとっては得になっています。多少わかりにくさはあるものの、そうしたより『お得』な情報を利用者が取得できるようになっていったことで、サイト閲覧時間が長くなったわけです。

こうした情報をリアルタイムで取得して、自分の仕事にどう反映させていくか。そこに私たち営業の面白さがあると思います」

営業第２課のユニット長を務める長谷川は、「自分の提案力を活かせる」ところに面白さを感じているという。

「私が感じる営業の面白さは、持っている知識やスクロール３６０のサービスでクライアントの悩みを解消していくことにあります。もちろん、スク

宮本侑弥（営業推進チーム長）

ロール360の提供しているサービスの良さがあり、それらのサービスをクライアントの要望に応えつつ、最適の形にして提案していく。そこにどれだけ自分で考え、工夫を凝らした提案にするか。そうして出した提案を理解していただき、成約できたときには、達成感と同時に営業ならではの喜びがあります。そのとき『長谷川さんの提案だから』と言ってもらうことも多く、大きなやりがいを感じています。

ここで大切なのは、営業担当者が持っている情報量やノウハウと、それをクライアントに伝える力です」

「人」こそ、スクロール360最大の強み

同業界から転職してきた長谷川と稲葉に、他社経験を持っているからこそ感じたスクロール360の強みについて尋ねてみた。

スクロール360入社後、一旦他社に移り、2019年にカムバック制度を利用して再入社した長谷川はこう語る。

「SLCみらいの立ち上げ時期で、営業担当が足りないということで声掛けしていただきました。ちょうどカムバック制度が設けられ、『出戻り歓迎』

という雰囲気もあってストレスなく戻らせてもらいました。

同業他社で仕事をしていて気が付いたのは、スクロール360で働いているメンバーの通販物流のスキルの高さでした。例えば、クライアントからシステムの設定を変更したいと要望があったときも、コンタクトセンターではどういった対応が必要になるのか、その場で予想ができ、その対応まで話を詰めていくことができます。そんな人材が多いところが、スクロール360の強みになっていると思います。

ECソリューション業界の中で、物流代行だけの専門業者は、ECのフルフィルメント全体が見えないので、他のところにどういう影響が出るか想像ができず、実際に稼働開始したら、思わぬところでトラブルが発生したということはよくある話かと思います」

配送会社から2012年に中途入社した稲葉も、「人」が強みになっていると長谷川の意見を支持する。

「同じ物流業界から転職して営業の仕事に携わってきましたが、物流代行やコンタクトセンターをはじめ、当社が提供する各サービスのカギを握っているのが『人』であることを私も痛感しています。

当社では、各地の物流センターで見学会を行っており、そこからの引き合いが多くあります。清掃の行き届いた清潔な倉庫には、整然とタブレットなどのデバイスが並び、各種業務が自動化されている場面を、参加者はしっかりと目に焼き付けることになります。そこでは、担当の社員たちがわかりやすく設備や業務の説明を行っており、具体的な質問にも明快に答えていきます。そこでの当社社員たちとのやり取り、コミュニケーションで、当社社員たちの高いスキルを感じていただけるのだと思います。だからこそ、見学会から成約に結び付く件数が多くなっているわけです。

母体のスクロールが持つ通販のノウハウを基盤として、作業現場はもちろん、我われ営業のメンバーも全員高い物流スキルを身に付けています。さらにシステムまで自社開発しているところを私は他に知りません」

自ら学び成長していける環境を楽しむ

2017年、スクロール360はそれまでの即戦力の中途採用に加えて、新たに新卒採用を始めた。近い将来の「DMSC（ダイレクトマーケティングソリューションカンパニー）」へ向けた人事戦略の一つである。今後さら

長谷川裕（営業第2ユニット長）

に進化・変化が激しくなっていくＥＣ通販業界の中で、可能性を秘め柔軟な思考を持った大学新卒者たちに対する期待は大きい。その人材育成においては、導入研修を終えた段階で、物流代行のスキルを身に付けるために各地のＳＬＣでオペレーションを設計・管理するロジサポート部で現場経験を積ませている。そして今、通販物流ノウハウを身に付けた若手社員が営業部に戻り始めてきた。営業部門のリーダーたちが求める人材について、語ってもらった。

まずは見込み顧客の獲得に努める営業推進チームの宮本チーム長である。

「ＥＣ通販業界は、非常に情報量が多く、トレンドの移り変わりが激しい業界です。その中であらゆる工程に関わるスクロールグループでは、多岐にわたる業界の最新情報を取得しています。つまり、自分が望めば、いくらでも知識を身に付けスキルアップすることができる環境があるわけです。

また、提供するソリューションは無形である上に、クライアントの要望を満たすカスタマイズにも対応していくため、提供するサービスも多種多様で、アプローチの仕方も様々です。そこで個人の裁量が大きくものを言うことになります。その意味で自分を磨きたいという成長意欲のある人に来ていただき、自ら考えて成長していっていただきたいと思っています」

稲葉は、入社時に物流現場を経験する育成プロセスに期待を寄せているという。

「今、スクロールグループでは、ＤＭＳＣへの転換をめざして、ソリューション事業を全面的に打ち出しており、我われ営業部門もパワーアップのために様々な施策に取り組んでいるところです。その一つが新卒採用で、彼らがまず、ＳＬＣに配属され、物流代行の業務を経験することになっていることは、本人にとっても会社にとっても本当に良いことだと思います。新入社員は、物流のことを何も知らなくても、そこに乗っかることで商材の知識をはじめ70年に及ぶ当社の通販のノウハウや、物流代行の知識を1から身に付けることができるからです。

だから、自分から知識を得ていこう、まだないものを構築していこうという意欲のある人にとって面白い会社だと思います。今いる社員たちとお互いに良い刺激を与え合いながら、一緒にこのソリューション事業を大きく強くしていけたらと願っています」

他社を見てきた長谷川は、常に自分をアップデートしていける人材に期待する。

「ソリューション営業は、無形の商材を扱う営業です。メーカーなどのクライアントに対して、スクロール３６０のソリューションサービスを、現実にどうプレゼンテーションするかということは非常に難しいものがあります。そこを乗り越えるための基盤となるのは、業界そのものの知識をはじめ、業界特有のノウハウや自社サービス（商材）についての知識です。それを身に付けるためには、座学だけではなく、実際に経験することが重要です。

今、新卒採用で入ってきた社員が各地のＳＬＣでの『実務修業』から帰ってきて営業している姿を見ると、自信を持って自社サービスについて話せていることを実感しています。2年ないし3年かけて、自分が経験して覚えたことなので、きちんと自分の言葉に落とし込めています。それはとても素晴らしいことで、その育成プログラムが成功しているということだと思います。

しかし、そこで満足して終わりではありません。どんどん変わっていくＥＣ通販業界でのビジネスです。常に業界動向をキャッチして、アップデートしていかなければ、勝ち抜くことはできません。それは本当に大変なことですが、変化の多いＥＣ通販業界の中で一緒に学んで成長していける環境をぜひ楽しんでほしいと思っています」

システムサポートで実現するEC通販業務一元管理システム

通販システム構築（受注管理・一元管理）

ネット通販システムと倉庫管理システムの連携が重要

ＥＣ通販に欠かせないものが、自社サイト構築、モール受注処理、商品コンテンツ管理、在庫管理などの様々なネット通販システムである。企業向け通販システムは数多《あまた》あり、ＥＣ通販のノウハウを持たない事業者に限らず、自社のＥＣ通販に何が必要で、何が適しているのか、悩んでいる事業者もまだ、たくさんいることだろう。

そうした中で通販システムを選定するにあたって、最も大切なことは「フルフィルメント業務をアウトソーシングする際に、それに必要なデータを外部連携できるかどうか」という点だ。

一般的に、ＥＣ通販企業は通販システムで受けた受注データを加工（在庫引当、入金確認等）して、出荷指示データを作り、物流代行会社や自社の物流倉庫に送信している。そのデータを受け取った物流代行会社は、最も効率的かつ正確な出荷ができるように加工した上で出荷作業に進む。このデータ加工にあたって用いているのがＷＭＳ（Warehouse Management System：倉庫管理システム）と呼ばれるシステムである。

さらに受注処理自体をアウトソーシングする際は、受注処理に必要な権限をアウトソーシング先に付与する機能が必要となる。

ＥＣ通販では、複数のシステムを連携させながら業務を回している。例えば商品の生産だけを行っている場合は、生産管理システムさえあれば業務は完結する。しかし、ＥＣ通販の場合は、注文を受け、出荷し、債権管理も行わなければならない。そこで受注システムをはじめ出荷システム、債権管理システム、会計システムなどがスムーズに連携していくことが求められる。ＥＣ通販事業の発展に合わせて、フルフィルメントの段階的なアウトソーシングを想定したシステム選定が重要となる。

だからこそ、ＥＣ通販事業を成功させるために、通販システムと外部のシステムの連携が重要になってくるわけである。

物流をアウトソーシングするために、物流代行会社を選定するには、まずその会社が使っているＷＭＳの機能を確認し、同時に現在使用しているＥＣ通販システムとそのＷＭＳとの連携実績の有無を確認することである。また、ＥＣ通販戦略における判断材料に何が使えるかという観点から、ＷＭＳがどのようなデータを提供してくれるかも確認したいところだ。

ちなみに、スクロール３６０のＷＭＳは、自社開発の『通販シェルパ』の経験や実績があり、『クロスモール』、『フューチャーショップ２』、『メイクショップ』、『ネクストエンジン』、『通販する蔵』などのＡＳＰ（Application Service Provider：インターネット上でアプリケーションを提供するサービスの提供事業者のこと）サービスとのインターフェイスを有している。

これらの通販システムを使っているショップがスクロール３６０へ物流アウトソーシングを行う場合、特別な変更をせずともスクロール３６０のシステムとの間でデータのやり取りが可能となっている。受注データをスクロール３６０側に送れば、すぐに倉庫で出荷業務が開始され、最新の在庫データは毎日返ってくる。入荷予定データを送れば、それに合わせて商品の入荷と検収が行われ、即時在庫データに反映される。

つまり、これらの情報システムを準備し、スクロール360に商品を預ければ、すぐにEC通販のフルフィルメントが実行できるわけである。

WMS（倉庫管理システム）の3大機能

WMSには大きく三つの機能がある。
①在庫管理（入荷、検品、保管）
②出荷指示データからの伝票類出力
③出荷進捗管理
①の「在庫管理」では、事前にEC通販事業者から送られてきた「入荷予定データ」を基に、入荷検収時に入荷商品のバーコードを読み取ることで、正確な入荷検収が可能となっている。
棚入れの際は、空いている棚に商品を自由に入れていくフリーロケーション

WMS（倉庫システム）で制御されているスクロールロジスティクスセンター

方式が効率的だ。入荷検収後に商品を商品保管棚に入れる際、棚のロケーションを示すバーコードと商品のバーコードを併せて読み取り、どこの棚にどの商品が保管されているかをデータ化し在庫管理していく。

さらに、食品などの賞味期限や消費期限、使用期限のあるものについては、ロットごとに賞味期限と出荷期限をデータで保持する。

出荷期限は商品ごとに、賞味期限の何日前と設定することが可能だ。商品が届いて賞味期限を見たら来週だった、ではクレームになってしまう。そのため商品の特性ごとに出荷期限は細かく設定されている。

②の「出荷指示データからの伝票類出力」には、作業効率改善のための様々な機能が備わっている。そこがWMSの優劣が明確になるポイントである。

EC通販を利用するユーザーは、物流倉庫のどこにどの商品があるかなどといった事情を知る由もない。受注システムにも物流倉庫内の配置に従って注文をソートする機能などはない。そのため、伝票に記載されたオーダー順に従って倉庫内のピッキングに回ると、棚の間を行ったり来たりすることになる。確かにピッキングすること自体は可能だが、多大な時間がかかってしまう。

そこで、作業効率向上のため、最も効率的なピッキング順の指示書を作成する。したがってピッキング担当者（ピッカー）は棚を効率的に回り、最短時間でピッキングを行うことができるのだ。

また、複数人分のオーダーを統合してまとめてピッキングした後、顧客別に商品を振り分けるという方法もある。そうすると、ピッキングをする棚の粒度が細かくなるため、さらにピッキング効率が上がることになる。

スクロール360では、GAS（Gate Assort System）という、物流業務を効率化するために用いられるマテハン機器で仕分けを補助している。

GASにはまとめてピッキングする人数分のゲートが設けられており、商品のバーコードを読み取ると、該当のゲートが開き、そのゲートに商品を入れる仕組みになっている。なお、伝票は事前に商品と同様、バーコードを読んで空いたゲートに入れられている。GASでは、グルーピングされた人数分のピッキングをまとめて行い、その後仕分けるという流れで作業ができるため、ピッキング効率が格段に上がる。スクロール360で導入した際には、初日で導入前と比べて160％もの効率化が実現できた。

このようにして、WMSはECショップの特性に合わせて出荷効率の上がる作業手順を準備していくわけである。そのため自社物流ではマテハン機器の導入に投資が難しくても、ＥＣ専用の物流センターであれば他のショップとシステムを共有しながら投資が可能となる。

③の「出荷進捗管理」では、出荷進捗を確認し、人員配置をスピーディに行うことができる機能を有している。

スクロール３６０ではコマンドルームの壁面にクライアント別の進捗率状況が映し出されており、当日の出荷指示件数に対する各クライアントの進捗状況がひと目でわかる。したがってマネージャーは、物流センターのコマンドルームでモニターを通して現状を把握し、適切な配置換えを行うことで、当日内にすべての出荷が完了できるよう運営できるわけである。

さらに質の高い物流を実現する「Ｌ-ｓｐａｒｋ」

スクロール３６０の物流センターの一つで静岡県浜松市にあるＳＬＣ浜松西は、スタッフ１０００人を抱え、常時６００人が出社している巨大な物流センターである。この中のすべてのＥＣクライアントの物流をコントロールしてい

コマンドルームで表示されている進捗率状況の画面

るWMSが、「L-spark」だ。これは、スクロールグループのEC物流のノウハウを惜しみなくつぎ込んで自社開発したものである。

「L-spark」には、WMSの3大機能に加え、より進化した付加価値の高い機能が備わっている。次にその機能を挙げていく。

❶送り状のオンデマンド印刷機能

「L-spark」では、送り状は注文データと商品検品データが合致して初めて出力される。そのため、出力される前であればキャンセルや住所変更がWeb上で実行できるようになっている。これによってコンタクトセンターと物流センターの連携を強固にしている。（詳細は第4章で解説する）

❷物流KPI分析機能

物流現場は、様々な経営指標データを持っている。入荷したときには仕入れと商品在庫、出荷したときは売上など、必要なデータがWMSに残るため、それらを集計して月次でEC通販業者へ報告できるようになっている。

こうしたデータ分析によって、例えば2カ月以上出荷のない商品のリスト、商品の在庫点数と1カ月の出荷点数から計算した在庫の消化月数などが取得できる。そのため今ある在庫がなくなるまでに10年かかるといった商品が検知され、発注ミスに気付くこともある。

❸動画再生システム

商品を検品梱包する作業場には、動画撮影をするカメラが設置されており、撮影した動画は2カ月程度保存される。

例えば「3点注文したのに2点しか入っていなかった」といったクレームが入ったとしよう。そのユーザー情報から、どの受注ナンバーの出荷作業かを割り出し、担当した従業員と作業時刻を特定する。出荷作業が完了するごとにタイムスタンプが記録されているため、動画の記録を遡って該当の箇所を再生することも容易にできる。そして、作業状況を動画で確認して、実際どのような作業がされていたかを踏まえてユーザーに回答するのだ。

現状、月に2~3回ほど動画確認の依頼が入ってくるが、作業の誤りによる誤送はほぼゼロとなっている。そもそも、納品明細書と商品のバーコードを読んで、一致していなければ送り状が出力されない仕組みとなっているため、誤送の確率は限りなくゼロに近い。

誤送がゼロにならないのは、やむなく短期バイトや派遣の従業員を入れた場合に誤送が発生することもあるからである。スクロール360では、複数点の出荷の場合、同一商品であっても必ず1点ずつバーコードを読み取ることになっているが、短期バイトの従業員がルールを破って1点の商品のバーコードを複数回読んでしまったことがあったのだ。結果として10点送らなければならないのに、同じ商品でバーコードを何回も読み、実際は9点しかないのに10回読んでしまったというミスだ。

また、ユーザーAの注文した商品がユーザーBに届き、逆にユーザーAにユーザーBが注文した商品が届いたこともある。この時にも動画を確認した。すると、従業員が検品後、送り状が出ているのに、次の検品をしてしまい、気が付いたら2枚の送り状が出力されていて、どちらに貼ればいいかわからない状態になってしまった。結果、確認もせずに送り状を貼ってしまい誤送が発生してしまった。それ以降、出力した送り状を切り取って、送り状のバーコードを読まなければ次の注文の処理に移れないという仕組みへと改善したのである。

商品を検品梱包する作業場には、動画撮影のカメラが設置されている。

複数拠点出荷への対応

本章の冒頭でも、複数拠点からの出荷対応について述べたが、特にコロナ禍を経て、ＢＣＰの観点で、１拠点しか設けていなかった物流センターを複数拠点にしたいというニーズが高まった。

国内でもコロナ禍に見舞われて物流センター内に感染者が発生し、物流業務がストップしてしまうという事例がいくつか起きた。火事が発生する可能性もゼロではない。何より日本は地震国である。いつ、どこで大地震や津波などの自然災害や火災などが起きて、物流センターの機能が停止してしまうかは誰にもわからない。不測の事態が発生して一つの物流センターが止まったり能力が大幅に下がったとしても、別の物流センターが機能していれば事業継続ができる。

スクロール３６０の「Ｌ－ｓｐａｒｋ」は、ＥＣショップから一括で出荷指示データを受け取れば、複数拠点で在庫引当を行い、送り先住所により近い物流センターから出荷できるよう出荷指示データを分割できる。この機能がない場合、ECショップ側で在庫引当とユーザー住所を見比べてデータを分割するという工程が必要になってしまう。

複数拠点からの出荷では、配送コストが下がる一方、2拠点という管理コストが上がってしまうリスクがあるが、オペレーションをスクロール360が行うことで、管理コストを抑えることができるのである。

複雑なデータ連携を可能に

2023年5月、スクロール360は、物流代行サービスで提供する「L-spark」と、株式会社久のデータ連携クラウドサービス「ECコネクター」の標準連携を開始した。これによって、「L-spark」と標準連携していないシステムのデータ連携や、「L-spark」の標準機能で対応できない複雑なデータ連携などにも対応できるようになり、より広範なクライアントへのソリューションの提供が可能になったわけである。

ＥＣ業界の大きな課題として、ＥＣの運営ができる人材が不足していることが挙げられる。ＥＣ事業を開始する事業者は増える一方だが、それを支える人材が足りていないのである。ＥＣ運営に精通した人材を、新たに獲得することはたいへん困難な状況にある。

そこで注目されているのがＲＰＡ（ロボットによる業務の自動化）だ。あらかじめロボットに業務手順を覚えさせておけば、自動的にデータの作成から送信が可能となる。

今回の「ＥＣコネクター」との連携によって、受注データを加工し、「ＥＣコネクター」から、「Ｌ－ｓｐａｒｋ」に出荷指示データを送り込むことが自動でできるようになった。ＥＣ事業者にとって、ＥＣ業務に精通した人材なしで、毎日のＥＣ業務運営ができるようになったということだ。

これからは、このＲＰＡを活用した自動化による業務効率アップが、このＥＣ業界で進んでいくことは間違いない。

Column

現場コラム⑤システムソリューション部——

システムがわかる物流、物流がわかるシステム

システムソリューション課システムソリューションユニット長・鈴木和幸

システム部門人間が物流業務を知る理由

スクロール360は、倉庫を持つ物流会社で唯一ECシステムを販売している会社である。1986年にはその前身である株式会社ミックを設立。創業以来スクロールの通販ノウハウをつぎ込んだ通販の販売システムを自社開発し、業界で初めてリリースするなど、常に通販システムのフロンティア企業でもある。

そして今、DMSの強化によるDMC複合通販経営の推進を掲げるスクロール360にあって、システムソリューション部門を牽引しているのがユニット長の鈴木和幸である。

2006年4月、鈴木和幸は、当時引く手数多だったシステムエンジニアをめざして、当時のミックに入社した。

「入社した年の秋に通販業務の基幹システムであるパッケージソフトの『通販シェルパプロ』をリリースするというタイミングだったので、入社当時は朝から晩まで指示書を見ながらプログラミングする毎日でした。リリースが終わると今度は社内のSEとチームを組んでクライアントへの導入プロジェクトに参加したり、『通販シェルパプロ』の提案営業をしたりするなど、実務を通して仕事を覚え、スキルアップしていくことができました」

その4年後の2010年に、鈴木はシステム部門を離れて現在のロジサポート部にあたる通販サポート部の配属となった。

「ワンストップというシステム、物流、当時のコールセンター、ペイメントなど様々なメニューを一括で受ける物流代行、いわゆるフルフィルメントの部隊への配属でした。そこではコンタクトセンターや物流の立ち上げも担当

鈴木和幸（システムソリューションユニット長）

しましたし、ペイメントにも携わりました。そこでフルフィルメントのすべての業務を経験。最終的にはＳＬＣ浜松を中心としたロジサポートのユニット長まで務めることになりました」

システム部門の人間が物流代行サービス部門で求められたのには理由がある。本編で見たように、ロジサポート業務の実際はシステムと一体化している。例えば、新規の受託が決まると、先方の使っているシステムと、３６０のＷＭＳを繋ぎ、データ連携と業務フローを構築し、サポート体制を確立しなければならない。その意味で、システムの見識がないと最良のロジサポートを担うことはできないともいえるのだ。しかも当時、３６０には複数のＷＭＳがあり、それを使いこなせるシステムスキルが求められていたのだ。

「当時はまだ、統一されたＷＭＳをつくれておらず、システム連携方法も多種多様だったため、『通販シェルパプロ』をＷＭＳとして使用することもありということで、システムのスキルは大いに役立ちました。」

物流スキルがシステムスキルを向上させる

また、鈴木が物流代行サービスに携わることになった２０１０年は、同

2018年4月、スクロールアワード受賞時の鈴木。

サービスの売上が飛躍的に伸び、ピークを迎えていた。つまり、クライアントも格段に増えてロジサポート要員の増員が必要になっていた時代であった。鈴木の異動は、まさに適材適所の異動だったといえる。

2018年には、毎年4月、前年度に功績を挙げた社員を表彰する「スクロールアワード」で、当時鈴木がユニット長を務めていたユニットが成長賞を受賞する。そして同時に、鈴木自身も社員の投票で決めるマネージャー賞を受賞した。

「ユニット長になって1年目でしたが、ユニットのみんなのお陰でいただいた賞でした。システム時代に『通販シェルパプロ』の仕様をすべて覚えていたので、フルフィルメントの各業務やシステム連携の話などクライアントからの信頼は得やすかったと思います。その一方でコンタクトセンターの立ち上げに携わっていたことで、受注業務の現場を知ることもできていました。同じタイミングでECバックヤード業務受託による出荷報告のシステム化もやってみたら、それもクライアントから評価されたようでした。もちろん決済業務も当時経験し、この時に物流業務全般を身に付けることができました。

私自身が物流業務の実際に携わったことで、入社当初にやっていたプログラミングの意味を初めて理解できました。おそらくシステム開発に携わった人間は誰もがそうなのではないかと思いますが、システム関係者ならプログラムを組むことはできますが、なぜそう組むのかということは、実際の業務の流れや実務を知らないとわからないのです。実務を知って開発するのと、知らないのとでは雲泥の差があることに、改めて気が付きました」

物流代行部門で物流スキルも身に付けた鈴木は、その後もキャリアアップしていく。

クライアントに寄り添いながら主体的に成長できる

スクロール360は通販会社として初めて自社でシステムを開発した企業であり、さらに、OMS（Order Management System：注文管理システム）をカスタマイズできる数少ない企業の一つでもある。そして今、ソリューションに注力するスクロール360にとって、物流スキルを持ったシステムエンジニアでもある鈴木は、コア中のコア人材となっている。システムソリューションとして提供するのは、業界内でも稀なクライアントの要望を実現するカスタマイズである。

鈴木のシステムスキルの高さは、前述した通りクライアントから信頼されており、初めての相手であっても信頼させるものがある。しかも物流業務全般の知見も高く、経験も豊富である。そのいずれも、鈴木がそのときどきに任せられた部門で、自ら学んで獲得したものである。そんな鈴木とアポイントの際に同行するユニットメンバーは、その場でクライアントのヒアリングを行いながら成長していく。

「ソリューションですから、形のあるモノを販売しているわけではないので、一見派手さはありません。でも、自分が主体となってやっていると実感できる仕事です。絶対に受け身だと成果が出ない仕事です。だからこそ、どこまで自分がやるかが問われるわけで、そこのところが成長に繋がっていくのだと、これまた実感しています。

また、システムの仕事というのは、計画通りにできて当たり前なので、うまくいかないとお叱りを受けます。でも、当然ながらクライアントの売上は我われの売上にも繋がっているので、クライアントに寄り添って、縁の下でサポートしていくことがとても重要になってきます。

システムの要件定義、開発、テスト導入……。ずいぶん長い期間をクライアントと会話をしながらシステム開発の委託先とも会話しながら進めていって、うまくシステムが稼働できたときはこの上ない喜びがあります。

クライアントがあってのスクロール360という意識、考え方ができるからこそ、やっていて面白さや楽しさを得られる仕事だと思います」

そう語る鈴木に、今後スクロール360で活躍したいと望む若い人材への思いを聞いた。

「物事を見た目だけで判断しないでほしいと思っています。苦しいことでも、とりあえずやってみること。苦しんで取り組んだ先に、見た目だけではわからなかったことが見えてきます。それが私の経験から言えることです。ぜひその景色を見てもらいたいなと思います」

おもてなし物流を実現するＢＰＯサービス

国内外で、様々なクライアントに対応

自社の人的リソースを社内で最も重要な業務に集中させ、企業価値を高めるために用いられる手法の一つがＢＰＯ（Business Process Outsourcing）である。ＥＣ通販事業者にとっては、物流をはじめ、受注・問い合わせ、決済、ＥＣ運用支援などコア業務ではない部分を自社で賄うことには大きな負担とリスクが伴う。そのような事業者にとってコスト削減も含めて頼りになるのが、スクロール３６０が提供するＢＰＯサービスである。その司令塔的存在ともいえるコンタクトセンターを見てみよう。

浜松コンタクトセンター

スクロール360直系のコンタクトセンターは静岡県浜松市、福岡県福岡市、東京都八王子市の3カ所に置かれ、その他に東京都内、札幌市内、静岡県内に提携するコンタクトセンターを配置している。さらに中国四川省成都市の成都インハナにも開設している。現在、スクロールグループ全体では80社の業務を請け負っており、その取り扱い商材は、化粧品、健康食品、雑貨、アパレルと多岐にわたっている。

コンタクトセンターが提供するBPOサービスは、インバウンド対応、受注処理、アウトバウンド対応の三つに分けられる。

インバウンド対応とは、電話、メール、FAX、チャットなどを通じたユーザーからの問い合わせや受注対応を指す。スクロール360では、土日だけの対応やメールのみの対応といった要望にも柔軟に対応している。

受注処理は、入ってきた受注データの処理・管理を行うことである。多種多様なクライアントとの豊富な実績を持つスクロール360では、連携ツールやカートシステム、一元管理システムなど多彩な連携効果を発揮して好評を得ている。例えば、スクロールグループの一つで、20ものモールを展開する株式会社AXES（アクセス）では、その多数のモールを跨《また》いだデータの処理・管理

自動で連絡を行うRPA

を行っている。こうしたノウハウを駆使することで、クライアント側の担当者との引き継ぎがスムーズとなり、立ち上げまでの期間を短縮できるというメリットがある。

アウトバウンド対応では、クライアントと一緒になって商品のクロスセル・アップセルに対する施策の提案をはじめ、新規顧客のリピート促進、休眠顧客の掘り起こし、離脱防止などを行っている。

コンタクトセンターでは、基本的にはクライアントから指示された通りのオペレーションに沿って業務を始めるが、業務を進めていくうちに、過去の経験値から改善点に気付いた場合、積極的に改善提案を行い、クライアントの業績アップに貢献している。こうした点もスクロール360の高い評価に繋がっているといえる。また、EC通販事業者の中には、マンションの一室で事業を行っているような事業者も多数存在しており、「少し手伝ってもらう程度でいい」という要望にも応えられるのも特長の一つである。

スクロール360のコンタクトセンターのケア事情

コンタクトセンターの社員、特にユーザーとの電話連絡の対応をする社員には、クレーム電話によって精神的な負荷がかかることは少なくない。株式会社リックテレコムが刊行している『月刊コールセンタージャパン』の2019年1月号に掲載された「コールセンター実態調査」の結果によると、調査を受けた企業のうち6割を超える企業で新人オペレーターの離職率が3割を超えているという。つまり、新人オペレーターの3人に1人が辞めているということになる。それだけストレスがかかり、退職に至る従業員の多い職種だといえる。

ところが、スクロール360のコンタクトセンターにおける離職率は17%に留まっている（既存スタッフで派遣社員を除いた数値）。

その秘密は、社員のモチベーションアップの取り組みとストレスを受けた際のケアにある。

各コンタクトセンターのオフィスには、業務に貢献したメンバーを表彰する掲示物が貼られており、その表彰者にはクオカード2000円分が支給されている。これが社員にとって、業務に取り組むにあたってのモチベーションアップに繋がっている。

また、浜松のコンタクトセンターが置かれている本社内には、社員がくつろげるカフェテリアのようなスペース「hamaカフェ」（P154参照）が設けられている。利用できるのはコンタクトセンターの社員に限らないが、ストレスのかかる電話対応をした際にリフレッシュできるようにという意図もあって設置されたのがこのカフェだ。

hamaカフェの中には、一人で作業に集中できる半個室のブースもあれば、ハイチェアで、座ったときでも立っている人と同じ目線で会話ができ、コミュニケーションが生まれやすい工夫もされている。社員同士、遠過ぎず近過ぎずの距離感で過ごせる場所であり、そうしたコミュニケーションがストレスを緩和する効果ももたらしている。

スーパーバイザーと呼ばれる立場の従業員は、コミュニケーター（オペレーター）の日々の変化に気付けるように留意し、積極的なコミュニケーションを取っている。さらにはそうしたコミュニケーションを取ることで、コミュニ

図4 ——— EC-BPO/コンタクトセンターのご案内 **サービス拠点**

株式会社スクロール360

浜松BPOセンター
静岡県浜松市
座席数：80席

福岡BPOセンター
福岡県福岡市
座席数：40席

八王子BPOセンター
東京都八王子市
座席数：180席

対応業務
- 電話対応（インバウンド・アウトバウンド）
- EC受注処理
- 入力代行
- 販売促進
- キャンペーン対応業務

受託カテゴリ別
- 化粧品———9社
- 日用品、雑貨—6社
- アパレル———10社
- 健康食品———3社
- 食品————3社
- 家具、住宅資材—3社
- その他サービス—3社
- 健康器具————1社
- アウトドア用品—1社

成都インハナ インターネットサービス有限公司

中国
四川省成都市錦江区下東大街258号
在籍人数：50人

親会社：
株式会社スクロール360（100%保有）

総経理：
坂口　幸太郎

対応業務
- 商品データの作成（データ/画像）
- 受注処理/メール対応
- 在庫管理/発注
- ECコンサルティング（日本/中国/BPO）
- 中国ECサポート（マーケティング/販売）

釣り具・アウトドアECストア「ナチュラム」とインタセクトの合弁会社として設立。

商品登録業務をメインに、その他、受注処理・画像加工と業務の幅を広げ、受託企業数100社を超えるBPOベンダーとなる。

2018年にスクロールが当時の親会社ミネルヴァホールディングスを買収したことにより、スクロールグループ入り。

図5 ——— EC-BPO/コンタクトセンターのご案内　**拠点別特徴**

	浜松	福岡	八王子	成都(インハナ)
席数	110席	40席	150席	50席
コスト	○	○	○	◎
CS 顧客満足	◎	◎	◎	◎
販促支援	○	○	◎	△
EC 受注処理	◎	○	○	◎
特徴	●豊富な対応実績 ●高品質なCS向上をサポート	●化粧品商材に特化 ●高品質なCS向上をサポート	●豊富な人員と席数による波動対応 ●アウトバウンドチームによる新規開拓などの販促支援	●EC専門集団による業務効率化 ●中国越境ECサポート

ケーターのわずかな変化にも気付けるようになっている。たとえば、急な休みが続いていないか、体調に異変は起きていないか、といった勤怠面から気付ける変化や、服装、髪型、ネイル、メイクなどの身だしなみの変化まで、様々な側面に目を配ってコミュニケーションが取られている。

　自社でコンタクトセンターを設置すると、こうした人材のケアにも注力しなければならなくなるが、スクロール360へ委託をすることで、その対応も不要になるのだ。

サービス連携でエンドユーザーに寄り添う

　スクロール360では通販に関わる種々のサービスを展開しており、そのそれぞれが互いに連携して、よりレベルの高い通販サービスの提供となっている。その一つが、コンタクトセンターと物流センターの連携である。

　例えば、配送日が翌々日に指定されており、配送先が翌々日の配送エリアの受注の場合、注文を受けた当日に出荷完了しなければならない。ただし、13時までの出荷指示分は当日出荷可能な範囲となっており、当日に出荷完了するためには13時までにデータに乗せなければ間に合わない。そこに間に合わせることができるか、ギリギリになったときに両者の連携力が発揮されることになる。

スクロール360のコンタクトセンターは、EC通販事業者のオフィスと物流センターがクラウドで連携することができる。つまり、三者でリアルタイムのコミュニケーションが取れるため、EC通販事業者が画面を通じて顧客の出荷状況を確認できるようになっている。

また、こんなケースもある。

顧客から「バッグの裏地は本革ですか?」などと商品の詳細を聞かれたとき、商品データに記載のない事項については、コンタクトセンターだけで回答することはできない。そこでコンタクトセンターは、物流センターに問い合わせ内容と該当の商品コードを送信する。それを受けた物流センターのスタッフが直接商品の置いてある棚まで行き、素材を調べ、問い合わせ内容に対するアンサーをコンタクトセンターに返信している。それに要する時間は、問い合わせ後30分程度となっている。

さらに、キャンセル対応でも両者の連携は効果的である。

出荷指示データを物流センターに送信後、顧客からキャンセルのメールが届くことがある。コンタクトセンターと物流センターを別々の業者にアウトソーシングしている場合、あるいはどちらか一方しかアウトソーシングしていない場合、コンタクトセンターから一旦EC通販事業者に連絡を取り、そこから物流センターへとキャンセル指示を飛ばすことになる。しかし、両方をスクロール360が受け持っていれば、EC通販事業者を介することなく、直接コンタクトセンターから物流センターへキャンセル指示をするだけで済む。短時間での対応が可能となり、キャンセル指示が間に合わず出荷されてしまうといった失敗を防ぐことができる。

また、出荷指示データ送信後の送り先変更には、次のような対応を取っている。

スクロール360における物流システムでは、顧客に送る納品明細書のバーコードを読み取り、次に箱詰めする注文商品のバーコードを読み取り、両者が一致して初めて送り状が印刷される。つまり送り状が印刷されるまではキャンセルも送り先情報の修正も可能となっている。例えば母親にギフトを送ったときに、支払い方法を間違って代引きにしたことに気付き、送り先を修正したい

図6 ——— コンタクトセンターと物流センターの連携が生む効果

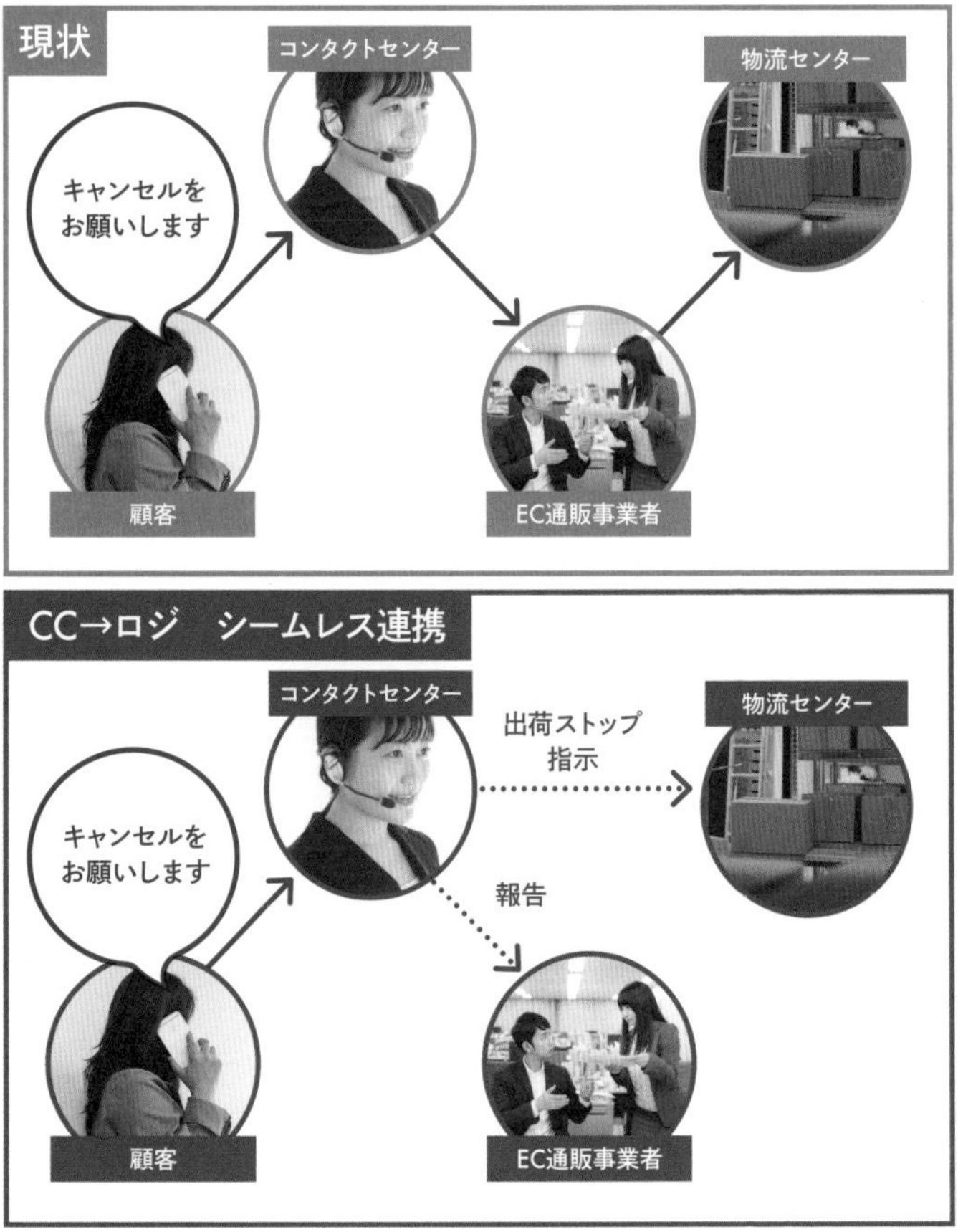

という場合に、送り状の印刷前であれば、簡単にコンタクトセンター側で修正できる。

ただし、伝票の印刷後に送り先の変更指示が出された場合は、最終手段として物流センターの出荷バースで該当の荷物を捜して送り状を差し替えることになる。この場合はイレギュラーとして有料での対応となっている。

中国進出の支援を行う成都インハナ

BPOサービスを担う拠点の中でも、成都インハナは特徴的なサービスを提供している。

成都インハナは中国の四川省にあり、ここには日本語の堪能な社員が約50人在籍している。四川省で日本語学校の教師をしていた現総経理・坂口幸太郎が、当時まだスクロールグループに入る前だった成都インハナに入社し、その後自身の教え子の中で優秀な生徒を次々と成都インハナに呼んだのだ。そのため、日本語での対応にも長けた社員が多数いるのである。

中国でＢＰＯサービスを受託するメリットには、人件費を抑えられることに加えて、中国の祝日が日本と異なっていることが多いこともあり、日本のコンタクトセンターとハイブリッドなシフト編成で３６５日の対応が可能となっていることがある。

成都インハナでは、他のコンタクトセンター同様、日本国内のクライアントの受注処理やメール対応などのフルフィルメントを行っているのに加えて、日本の企業の中国ＥＣ進出をサポートするというサービスも提供している。具体的には、中国のＳＮＳからの発信や、中国のモールへの出店手続きといった対応だ。言語の壁、法律の壁を越えるためのこうした対応もだが、クライアントが中国市場への理解を深めることにも、この成都インハナの社員が活躍している。（Ｐ１８５Ｃｏｌｕｍｎ参照）

図7 ——— ハイブリッド連携　日本&中国成都

スクロール360と成都インハナの並行利用で、コストと品質を確保

顧客対応に定評のあるスクロール360コンタクトセンターと、ECオペレーションで高い処理能力を持つ成都インハナのハイブリッドモデルを提供しています。

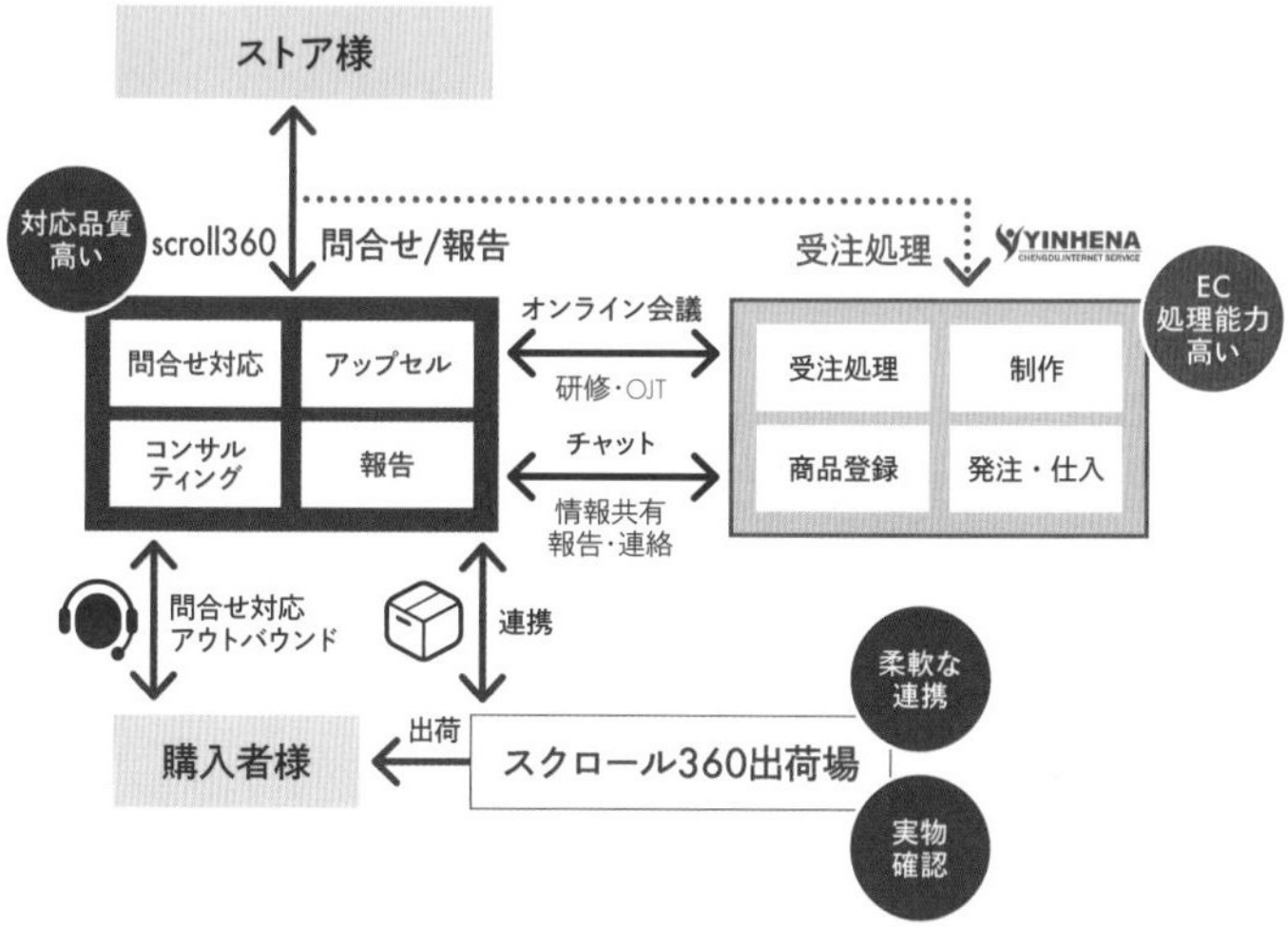

図8 ——— 中国四川省成都も含め4拠点で連携

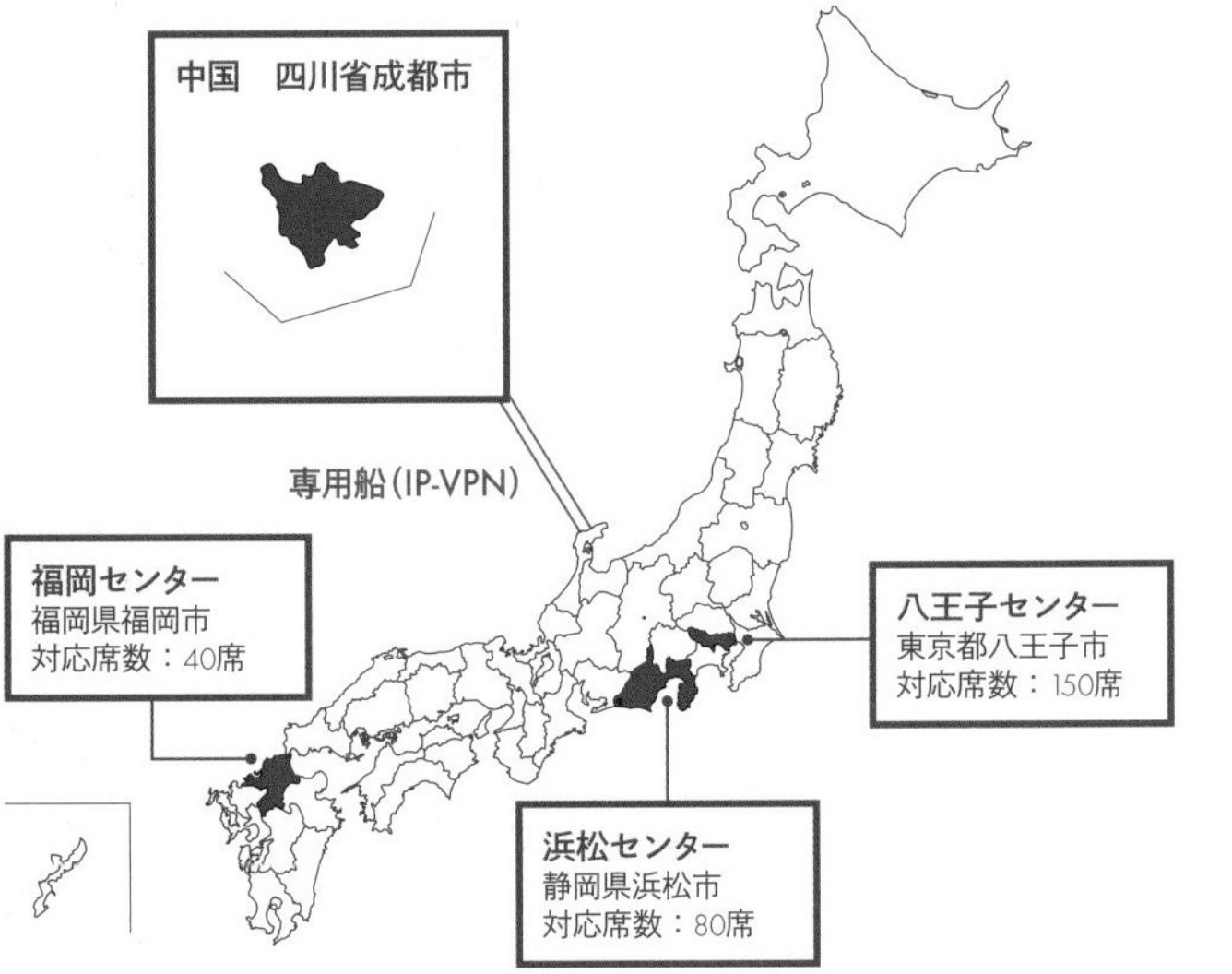

Column

現場コラム⑥ソリューション戦略部EC‐BPO課——

コンタクトセンターはおもてなし物流の最前線

EC-BPO課　EC-BPO第1ユニットタスクスペシャリスト・三宅香穂

「感じとろう、言わない言葉・見えない表情」

「おもてなし物流」のユーザーサイドの最前線を担うコンタクトセンターを統括するのはソリューション戦略部のEC‐BPO課である。現在、福岡コンタクトセンターの統括を担う三宅香穂が、コンタクトセンターの実情について語る。

「各クライアントとは最低でも月に1回の定期ミーティングを行い、要望や

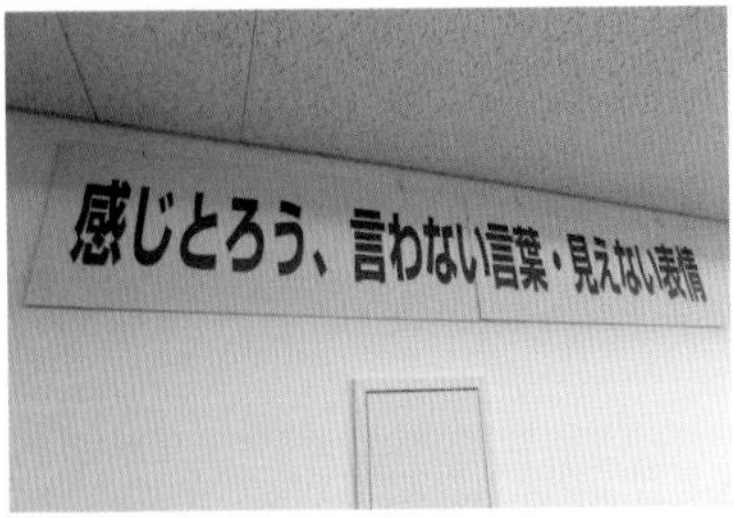

コンタクトセンターに掲げられているスローガン

新しい情報を確認しては随時業務に反映しながら、福岡コンタクトセンター全体の業務をコントロールするのが私の役割です。スクロール360では、提供するあらゆるサービスにおいてカスタマイズ性の高さを誇っているので、クライアントとのコミュニケーションをとても大切にしています。

全国の各コンタクトセンターには、『感じとろう、言わない言葉・見えない表情』というスローガンを掲げて、クライアントのお客様への対応を心がけています。というのも、お客様にとっては対応している相手がクライアントの社員であり、私たち自身もお客様に対してクライアントの社員として対応することが、スクロール360のおもてなしを実現することになるからです。そうした対応を行うことで、お客様からもクライアントからも『ありがとう』という感謝の言葉をいただくことができ、私たちの喜びに繋がっていきます。もちろん、センターの社員は担当クライアントとその扱っている商品を好きになることも大切です」

期待に応えるBPOサービス実現のために

コンタクトセンターでは、送った商品の破損や誤送などに対処することもある。三宅は自分が先走って起こした失敗談から学んだことを語ってくれた。

「結婚祝いがお祝いの対象になる方の元に商品が届いた時、開けてみると商品が割れていたのです。結婚祝いの贈り物が割れている。それを知った購入者で贈り主のお客様は、当然ですが大変怒られました。その電話対応をコンタクトセンターが行うことになったのですが、その際に私は、商品を再度お届けするのに加えて、お詫びのお手紙を添えさせてくださいと、伝えてしまったのです。ところが、クライアントのマニュアルにお詫びの手紙を送る記載がなく、そのことを後になって知りました。幸いクライアントから『伝えてしまった手前、今回は添えましょう』と言っていただくことができました。同時に、クライアントの対応を確認することを強く言われました。私のひと言で、常にはない対応をクライアントにさせてしまったことを反省し、その後は現場で判断できないことは基本的に勝手に判断せず、必ず確認をするようにしていますし、後輩たちにもそう指導しています」

とはいえ、トラブル対応はクライアントによって様々である。

「まだ受託業務が始まって日が浅いクライアントの場合は、トラブルが起きた際には、お伺いを立てて判断していただくことになりますが、長いお付き合いをいただいているクライアントの中には、全面的に私たちのコンタクトセンターに判断を任せてくださるクライアントもいます。できる限り、どのクライアントに関しても、少しずつ経験を積んでいって、信頼関係も深め、私たちだけで判断できる範囲を広げていきたいと思っています。当社のＢＰＯサービスにご期待いただいているので、クライアントには自社の商品企画などの本業に注力していただきたいです」

コンタクトセンターから事業を展開するために

他社のコンタクトセンターを経験してきた三宅の目に、入社前と後ではスクロール３６０はどのように映っているのだろうか。

「以前は、自社対応をするコンタクトセンターで、受注・問い合わせへの対応も、商品づくりも自社で行っていました。物流業務と決済代行は外部に委託しており、Ｗｅｂ検索するとスクロール３６０がいつもトップに表示されていました。ホームページでサービス内容を確認すると、コンタクトセンターもシステム開発もやっていて、そこまで通販のトータルサポートをしている会社があることに正直驚きました。同時に、幅広く通販のサポートを

浜松本社に設けられたリラックススペース「ｈａｍａカフェ」

やっている会社で、お客様やクライアントに貢献してみたい、という憧れのようなものを感じて、転職することになりました。

実際に入社して、物流センターとコンタクトセンターの連携によるクライアントへの貢献度の高さを、もっと知ってもらいたいと思いました。本当にコンタクトセンターだけでなく、物流代行も委託していただければ、もっとお役に立てると思います

コンタクトセンターからも、クライアントに対してスクロール３６０の他のサービスをもっと提案できるようにしたいです。クライアントに提案していくためにも、クライアント情報をより深く知り、迅速な対応をしていくためにも、コンタクトセンターの社員がＳＬＣ浜松へ見学しに行くなどして、他のサービスについての知識を積極的に取り入れるようにしています。

今後は、インターンシップや新入社員研修などでコンタクトセンターの現場に入って、その業務を知ってもらう機会もつくっていきたいです。若い人がより広くスクロール３６０のサービスを知ることで、私たちのソリューション事業はより強くなっていくと思います」

「hamaカフェ」内に設置されている作業スペースや、キャンプ用品の体験スペース

ＥＣ運営を迅速に支援する　ＥＣモールソリューション

ノウハウを持つ専任チームが対応

ＤＭＳへの変革をめざすスクロールグループでは、ソリューション事業を今後の事業の中核に据え、その強化・進展に注力している。その一つとして、ＥＣモールを中心としたクライアントのＥＣ通販サイトの運営代行を新たにスタートさせた。「ＥＣＡＣＴ（イーシーアクト）」がそれである。

自社サイトやＥＣ通販モールなどの運営代行そのものは目新しいものではない。

ＥＣ通販サイトや各モールを通しての売上の構成要素は、単純に訪問人数×

注文発生率×顧客単価の三要素である。単純に言えば、この三つの要素のうち、弱いところを強化していくことで売上を上げることができる。一見、シンプルで簡単なように見えるが、これを社内で着実にできているEC通販事業者は決して多くない。

例えば、楽天市場、Ｙａｈｏｏ！ショッピング、Ａｍａｚｏｎにモール出店しかつ自社通販サイトの四つのモールを運用している場合を想定してみよう。四つのモールのデータを毎日収集し、三要素について分析し、一定期間の分析結果をまとめ、評価していかなければ、弱点も見えず、その対応策も出てこない。そこには専門的な知識や経験が求められるわけだが、そうした人材を自社で揃えられるのであれば問題はない。しかし、そこに人的資源を投入できないような事業者であれば、その部分をアウトソーシングしてしまうことのほうがメリットは大きいだろう。

「ＥＣＡＣＴ」は、その部分を解決するサービスである。いくつかあるモールのデータは、その日の夜間のうちに自動的に収集され、翌朝から分析に取り掛かれるようにシステムが組まれている。分析を担当するのは、長年の通販事業の経験値によって培われた分析ノウハウを持つスクロール３６０の「ＥＣＡＣ

T」チームである。彼らに任せることで、自社で四苦八苦することなく、専任で高いノウハウを駆使した対応が可能となるわけである。

委託後1カ月でスタート可能

また、「ECACT」の場合、手間暇をかけてオペレーションを構築する物流代行とは違って、クライアントのサイトがすでに展開されていれば、依頼があってから1カ月前後でスタートできるというスピードが魅力となっている。

ちなみに通常スクロール360が物流代行業務を受ける場合、問い合わせがあってから、クライアントにヒアリングを重ねて、見積もりを提示。その後、立ち上げまでの間に現状のクライアントの物流センターの見学、クライアントのスクロール360の物流センターの視察を経て、さらに何度も打ち合わせを重ねてから稼働する。稼働開始まで、2年ほどとなる場合もある。それはまた、おもてなし物流を実現するために必要な工程でもある。

Column

現場コラム⑦ソリューション戦略部──

グループ内での経験を最大限に活用した新規事業の立ち上げ

ソリューション戦略部長・黒崎裕子

B2BとB2Cの経験から生まれた新事業

新規サービスの「ECACT」を立ち上げたソリューション戦略部長の黒崎裕子に、その経緯と将来への展望について、黒崎の社歴を追いながら語ってもらった。

カタログ通販を利用する機会が多く、カタログ通販に携わりたいという想

黒崎裕子（ソリューション戦略部長）

いで２００２年に、黒崎はスクロールの前身である株式会社ムトウに入社した。最初に配属されたＤＭサービス部では、購買意欲の高い約１００万人に配布するムトウのカタログに、クライアントのチラシを同梱するチラシ同梱サービスの営業活動に従事した。

「通販をやりたくて入ったのに……という思いはありましたが、そこでＢ２Ｂビジネス、クライアントとの付き合い方といった営業の基本を身に付けることができました」

　営業で10年経験し、２０１２年にスクロールグループに加わった株式会社ＡＸＥＳ（アクセス）というＥＣ通販事業会社へ異動した。

「ＡＸＥＳは、商材としてアパレル雑貨や化粧品を取り扱っており、自社で仕入れた海外ブランド品をＥＣサイトを通じて販売している会社です。多数のモール出店を行っており、その店舗数は20店舗以上にのぼります。

　もともとカタログ通販をやってみたかったので、ようやくＢ２Ｃの現場に行くことができて、異動そのものはうれしかったですね。そしてＡＸＥＳで、商品仕入れから、自社サイトやモール運営まで、ＥＣ事業そのものを経験し、ノウハウを身に付けることができたことが、ＥＣＡＣＴに繋がっていったと思います。

ＡＸＥＳでは数年かけて損益を改善する経験をして、商品調達や原価構造について学んでいるうちに、今度は支援する側の立場に立ってみようと思ったところから、ＥＣＡＣＴに辿《たど》り着きました。Ｂ２Ｂの営業をやって、Ｂ２Ｃの事業も手がけて、その両方の経験がこのＥＣＡＣＴに活かせた形です。

特にＡＸＥＳで経験した事業運営の過程は本当に大変で辛《つら》くて仕方がない時もありました。それでも会社からは『やってみなさい』と励まされ、信頼して任せてもらっているという期待を感じていました。結果的には、辛抱強く取り組み続けたことでＥＣ事業に必要なノウハウを獲得できたので、とても良い経験をさせてもらったと思っています」

ＡＸＥＳで初めてＥＣ通販事業に深く携わることになり、幾度となく壁にぶつかっては上司や同僚など周囲の助けも受けながら乗り越え、成長できたともいう。そうした経験から、クライアントの困りごとをサポートできるものは何かと考え、アイデアを絞り出していったのである。

ECACTの課題と展望

ECACTはまだ新しいサービスであるため、これから強化していかなければならない側面がいくつかある。現在感じている課題を、黒崎は挙げた。

「私たちはモール運営に関する蓄積されたノウハウをたくさん持っています。モール運営の支援はもちろん引き続き強化していきたいのですが、モール自体の戦略によって、ECACTのビジネスも左右されてしまうところがあります。

モール運営だけに限らず、ECのあらゆる顧客接点を通じて、クライアントの売上を伸ばしていけるようなトータルの販売支援を提案できるように、サービスや提案力を強化していかなければならないとは思っています。

または、クライアントから、『コールセンターや物流も引き受けてもらえないか』という相談があるなど、当社の他のサービスも一緒に利用したいという声を聞く機会が増えています。その場合、スクロール360のサービスをすべてご説明しながら、ご提案する機会をいただく大変にありがたいチャンスとなります。

今のところＥＣＡＣＴと他サービスのセットメニューが整備できていないのですが、そういったわかりやすいメニューを充実させて、初めてスクロール３６０のサービスを利用するクライアントにもわかりやすく発信していきたいと思っています。そのような取り組みができれば、スクロール３６０の入り口になるメニューとして、さらにこのＥＣＡＣＴも強くしていけると思っています」

成長市場でチャンスに挑戦できる人を歓迎

もう一つ、黒崎が重要課題と捉えているのが、ＥＣＡＣＴに対応できる人材の確保、育成・強化である。

「ＥＣ通販は依然として成長市場であるのと、試してみたことがすぐに結果として表れてくるビジネスです。数字が目に見えて変わるところにやりがいを見出せる人はすごく楽しめる仕事だと思っています。しかも、スクロールグループはＥＣ通販のノウハウもあるので、一緒に働くことで得られる知識や経験が豊富にあります。

また、私自身がそうであったように、自分自身が成長していけるチャンスや環境があります。今私はＥＣＡＣＴに携わっていますが、こうした新規サービスの立ち上げも含めて、いろいろなことに挑戦させてもらえて、本当に恵まれた環境だと感じています。

もちろん失敗することも、苦しい思いをすることもあるし、叱られることもありますが、それでもやってみなさいと経験させてくれるのが、スクロール３６０の良いところだなと実感しています。

積極的に成長を望むような人が来てくれて、一緒に仕事を楽しめると、私もさらに刺激をもらえるだろうと思っています」

第4章

ミシン6台の洋裁所がEC通販ソリューション企業になるまで

物流ソリューションを提供するスクロール360の誕生

消費者直販の第一歩はこうして始まった

カタログ通販事業の準大手として知られる株式会社スクロールの創業は１９３９年のこと。静岡県浜松市でわずか６台のミシンを擁して洋服を作る武藤洋裁所としてスタートした。創業者の武藤鐵司は「お金の儲からない仕事をして、社会に奉仕しよう」という想いを胸に抱き、洋服を作っては全国の問屋に卸してビジネスを広げていった。創業５年後の１９４３（昭和18）年には株式会社を設立し、戦争を挟んだ１９４８（昭和23）年には営業会社として武藤商事株式会社を設立。そして１９５１（昭和26）年には、それらを統合して縫製

武藤衣料株式会社時代の呉服カタログ表紙

加工卸業を営む武藤衣料株式会社（現スクロール）へと展開していった。

その当時、地元の婦人会に参加していた創業者の妻欣子《よしこ》は、欠席している会員が多いことが気になり、その会員たちに理由を聞いてみたという。すると「服がみすぼらしくて恥ずかしいから、出席するのが嫌だ」という人がいたのである。そこで武藤衣料は、服の上から羽織れる「トッパー」というものを開発した。防寒を兼ねて普段着ている服を隠すことができるものを、という意図で開発したのである。このトッパーが婦人会の会服として導入されたことで、同じような悩みを持っていた会員たちも出席するようになり、会での発言や活動が活発になっていったという。

各地の婦人会には当該の自治体内に留まらず全国組織として繋がりがある。浜松市中の婦人会がこぞってトッパーを導入したところから、全国の婦人会が同様のコートを会服にするようになっていった。

その結果、武藤衣料には、全国の婦人会相手に直接トッパーを販売するという直販のルートが出来上がり、それまで問屋へ卸していた流通経路を改め、婦人会への製造直販を始めたのである。

信頼を高めた「ムトウさん」の商品力

当初、武藤衣料が行った販売方法は次のようなものであった。

トッパーをはじめブラウスやスカートなどの現物をそのまま見本として持っていき、注文用紙と共に回覧していく方式である。しかし、この方式では見本の量がどんどん増えることになり、見本の在庫が会社のスペースを圧迫することになってしまった。

そこで「わざわざ製品そのものを見本として持っていかなくても、商品の写真でいいのではないか」と考え、カタログを作った。そして、掲載した商品写真には実際に使われている生地の端切れを貼り付けることで、ユーザーが実際の商品をイメージしやすいように工夫を施したのである。

当時の武藤衣料は、婦人会の会員から「ムトウさん」と呼ばれ「ムトウさんの商品はものがいいから、写真しか見られなくても買うよ」と、その商品力はユーザーから絶大な信頼を得ていたという。

武藤衣料株式会社時代の呉服カタログ。実際に使用されている生地が貼り付けられているという贅沢《ぜいたく》ものだった

商品性能の良さについては、次のような話がある。

ある町に初めてムトウが販売を始めた時、「ムトウはなんて馬鹿な会社だ」と婦人会の皆が噂したという。というのも最初に販売した紳士物のブリーフを会員たち皆がそれを買って夫にはかせたのだが、1年たっても2年たっても、綻《ほころ》びが一つも出なかった。「そんなに丈夫なブリーフを売ったら次は売れないのに、そんな商品を作るなんてムトウは本当に馬鹿な会社だ」と噂されていたというのだ。

こうした事実がまた、ムトウと婦人会との信頼関係を深めていったことは間違いないところだ。

全国に広がる婦人会ネットワークを活用

婦人会側は、見本もカタログも回覧し、注文を取りまとめてムトウへ。ムトウが商品をまとめて届けると、注文した各家庭に納品するところまで対応していた。そればかりか、集金し、送金まで対応していたのである。ムトウとして

用途に応じて様々な和服が販売されている

は、バイクでカタログや見本、注文用紙を持っていき「見本の回覧をお願いします。注文がまとまったら本社に注文書を郵送してください」と言うだけで済んだという、今では考えられないほど牧歌的な状況だったことがうかがえる。婦人会の協力のお陰で、通常のカタログ通販の世界であれば、カタログを配布したうち10％も注文があれば素晴らしい成果なのだが、当時ムトウの注文発生率は70％にのぼり、カタログを持っていけばほぼ必ず注文が入るという状況であった。

もちろん婦人会には売上の10％程度を斡旋手数料として渡していた。婦人会からは「ムトウさんの売上が多いと、年末の旅行がすごく豪華になる」という声も上がり、まさにウィンウィンの関係が構築されていたわけである。

そのためサービスの質に問題があった際には厳しい声もかけられた。例えば梱包のガムテープがよれていたり、梱包された服が皺だらけだったり、納品明細書に汗の跡があったりすると、営業担当が厳しく叱責されることになる。しかし、その厳しさの一つひとつが後のムトウの、そして現在のスクロールが持つ物流力となっていったことは疑いのないところである。

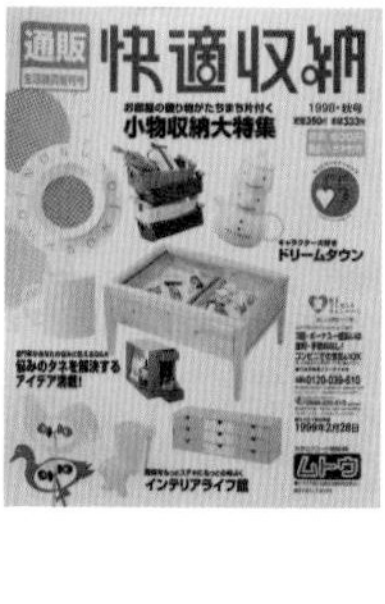

株式会社ムトウ時代のカタログ『快適収納』表紙

生協とは50年超のお付き合い

婦人会を通じたカタログの回覧による消費者直販は、他の団体などへも展開していった。その一つが日本生活協同組合（以下、生協）である。当時食料品だけを扱っていたとある生協に、営業社員が飛び込んだのは社名を正式に株式会社ムトウに改めた１９７０年頃のことだった。「このムトウの衣料品のカタログを一度生協さんのチラシと一緒に回覧してもらえませんか」と頼み込んだのだ。その提案を受けた生協が回覧したところ、かなりの注文が入ったという。

生協側も、扱う商材のジャンルや品目が増えることでビジネスチャンスは拡大し、収益も伸びたわけである。ムトウと生協から始まったお付き合いは、現スクロールに至るまで50年以上が過ぎた。現在取引のある組合は、１００組合超、組合員数８５０万人となっており、年間52週にわたって毎週８００万部のカタログを展開している。ちなみに生協を通じた売上は、年間４００億円ほどにのぼる。

株式会社ムトウ時代のカタログ『快適収納』

スクロール360の前身MICが誕生

ムトウ（スクロール）が本格的に個人通販に乗り出したのは1977年のことである。この年に個人通販の原点となる「友の会」を発足し、ダイレクトメールによる販売を開始した。

そこでは、カタログに掲載する商品の多品種多様化が進んでいたこともあり、受注・出荷業務の合理化が求められていた。その延長線上で、1980年には初の自社物流倉庫（現SLC浜松）を完成させたのである。

話は前後するが、ムトウではすでに1974年に大型コンピュータ（UNIVAC1106）を導入し、受注出荷システムの構築を自社で行っていた。当時は、通販のシステムはどこかで売られているようなものではなく、通販業務をシステム化するのに、自社で開発するしかなかった。そのため、自社でSEやプログラマーを用意して、通販のシステムを開発し、物流、顧客情報、商品情報、販促情報の一元管理を進めていったのである。

カタログ『m+（エムプリュス）』の表紙

業界の中でムトウがいち早くシステム化を進めていた１９８０年代、新しい通販会社が次々と市場に進出してきた。リピート通販と呼ばれる、少品種の定期購入の形式を取る通販会社も多数出現してきたのである。

ただ、当時はまだ通販のシステムは一般的に売られてはいない時代である。リピート通販会社からは、通販システムを売ってくれという声が溢れていた。そこで「ムトウのシステムを外販すればビジネスになる」と目を付け、ムトウは自社の情報システム部を１９８６年にシステム会社として独立させた。それが現在のスクロール３６０の前身である株式会社ミック（ＭＩＣ：Mutow Information Center）である。

婦人会への販売の現場でも、システム化が進んでいた。全国の婦人会の営業に回る４００人の営業担当者が、それぞれＨＨＴ（Hand Held Terminal）と呼ばれる受注から伝票発行までデータ処理できる端末を持って営業していた。今では当たり前となっているが、当時は営業の最前線の現場で伝票発行まで対応できるシステムは画期的なことであった。

カタログ『m＋（エムプリュス）』

物流代行をスタート

1980年代から1990年にかけて、通販バブルが到来した。多数の通販会社から、一つの家庭に様々な通販業者のカタログが5冊も6冊も届くという時代だ。各社の売上は伸びていったが、同時に過当競争も激しくなっていく。そして1990年をピークに通販バブルははじけ、業界は冬の時代を迎えた。

ムトウもその例外ではなかった。一気に売上が落ち、浜松の物流センターには2000坪ものスペースが空いてしまった。さらには、スキルを持つ優秀な従業員も仕事がなくなってしまった。しかし安易に従業員を解雇するようなことはなかった。そして優れた経営資源であるノウハウを持った従業員たちの力を存分に発揮しうるビジネスを創出すべく考え出されたのが、1999年に始めた物流代行業務である。その中心業務を担うことになったのがミックであり、同社は2009年に商号を株式会社スクロール360と変更して現在に至っている。

ＥＣ通販ソリューションの源流

ＥＣ通販事業が物流代行サービスの基盤

今見たように物流代行サービス（フルフィルメント）及び物流ソリューションビジネスをスクロール３６０が担当するようになったわけだが、その基盤になったスクロールのＥＣ通販事業について、改めて見ておこう。

現在、スクロールのＥＣ通販はスクロールロジスティクスセンター浜松西（以下、ＳＬＣ浜松西）で行われている。まずは、その物流のシステムや仕組みである。

スクロールのメイン商品はアパレルである。現在は主に中国、ＡＳＥＡＮ各国で生産され、出来上がった商品は現地の検品工場で箱詰めされる。その際に箱に入った商品内容と数量が登録され、そのIDとなるSCM（Shipping Carton Marking）ラベルが箱に貼付される。

SLC浜松西では、商品入荷時にこのSCMラベルのバーコードを読み取るだけで、入荷検収が終わるシステムを採用している。

この仕組みに問題があるとすれば、工場でインプットした入荷予定の数と実際に入ってきた数の齟齬が発生することである。そこで各メーカーに対して入荷予定数と実際の数が異なった場合、ペナルティーを科すことにした。その結果、入荷予定数と実際の数との齟齬はほとんど発生していない。

かつては、メーカーによっては入荷予定数と実際に入ってくる数が異なることも少なくなかったという。そのため商品が入荷するとまず箱を開けて、2人がかりで箱の中の商品を数え、数え終えてから規格に沿った箱に決まった数だけ入れ直すという作業をしていたのである。

そのため、例えばある商品が大ヒットした場合、大量の商品が入荷することになり、数えて箱に詰め直す作業が滞り、商品は倉庫に届いているのに品切れが発生するということもあったのである。

図9 ——— 総合通販企業の売上推移

2009.6〜2010.5期決算

	企業名	売上高
1	ニッセン	132,000
2	千趣会	130,967
3	ベルーナ	86,231
4	セシール	70,413
5	ディノス	53,062
6	フェリシモ	48,946
7	スクロール	48,391
8	カタログハウス	29,800

※出典:通販新聞社

2020.10〜2021.9期決算

	企業名	売上高
1	ベルーナ	129,198
2	ディノス	101,904
3	スクロール	85,195
4	千趣会	71,706
5	セシール	50,000
6	ニッセン	38,056
7	フェリシモ	32,228
8	カタログハウス	22,830

※出典:日本ネット経済新聞

スクロールは連結売上を掲載した
(単位:百万円)

現在の仕組みを導入したことで、多いときで1日6000ケースほどの商品が入荷してくることがあるが、検収作業は午前中で終了することが可能となっている。

また、初めて入荷した商品は品質管理室に運ばれ、抜き取り検品される。仕様書に記載されている寸法と違いはないか、デザインはカタログの写真と相違ないかなど、チェック項目すべてが合格にならないと、商品出荷は行えないようになっている。

商品の品質にかける思いは創業当時からのスクロールのDNAといえる。

検品作業が終わると、ピッキング用の棚に商品が格納される。その後は第3章で見たように効率の良いピッキング、マテハン機器による迅速な梱包がなされていく。

感謝と思いやりの循環で「今日を、いい日に。」

SLC浜松西での出荷作業では「前工程に感謝、後工程に思いやり」ということを共通の信念としている。それは、創業時からスクロールの根底に流れる気遣いといえるものである。

例えば、商品を棚入れする際には、バーコードが付いている側が手前になるように置く。些細なことかもしれないが、効率よくピッキングするための心遣いである。また、ピッキング後に梱包に回す際には、商品のバーコードは籠の中で上に向けられるようにし、納品書もバーコードが見えるように置いている。これも、商品のバーコードと納品書のバーコードを読み取る梱包担当者が、効率よくバーコード作業できるようにという思いやりの発露である。

さらに梱包担当者は段ボール箱に商品を入れる際は、バーコードを下側に、つまりブランド面が上になるように入れて、「箱を開けた時に笑顔になる」ようにブランド面が最初に目に入るように梱包していく。後工程に思いやりの最終工程はお客様ということだ。

こうしたちょっとした効率化が連鎖して大きな効率化になっていく。前工程での気遣いに後工程の従業員が感謝することで、感謝と思いやりの好循環が生まれ、社員一人ひとりの「今日を、いい日に。」（コーポレートスローガン）を実現することに繋がっているといえるだろう。

「今日を、いい日に。」を実現するために浜松本社で開催されるクリスマスパーティー（2023年12月8日）

あらゆる業界のEC通販事業の展開に、スクロールの持つソリューションのノウハウが求められている

社運を懸《か》け「八方美人戦略」を推進

スクロール360の前身である株式会社ミックがEC物流の代行業を始めた1999年の2年前、1997年に楽天市場がスタートしている。当時、楽天市場に出店して売上が倍々で増えていったショップの中で、出荷が追いつかないところが続出した。彼らは当然のように出荷や在庫管理といった物流業務に長けた委託先はないかと探し回った。そしてムトウの時代から通販物流の実績を持ち、蓄えたノウハウを駆使して物流代行を始めたミックに目を付けたのは、自然のなりゆきであった。

この頃のムトウは、自社のカタログに他社の通販のチラシを入れて配る「カタログ同梱」というビジネスで大きな利益を得ていた。とはいえ、その将来性がないことは火を見るよりも明らかであった。そこで同事業の持つ人的資源をそっくり物流代行へと再配置し、知名度を上げるためにイベントに参加したりセミナーを開催したりするなど、積極的なプロモーションを行った。ある意味社運を懸けた戦いであった。

また、物流システムに長けた人材を大量に育成し、物流システム部門の強化を図る一方で、ECシステム企業やメディア、モールなど多岐にわたる協力企業と提携するなど、通販に関わる様々な組織と関係をつくる「八方美人戦略」を進めた。

時代が進むにつれてスクロールのカタログ通販は消滅し、物流代行が時流に乗っていた。2009年に株式会社スクロールと改名してからは、さらに積極的なM&Aも行うことで弱点を補強し、持てる強みをさらに増強するなど、シナジーとして売上も増加していった。

ソリューション事業の売上も、2006年の40億円から、2021年には198億円まで伸びた。この伸び方は、日本通信販売協会が出している全国のE

C通販事業の売上の伸び方とほぼ一致している。右肩上がりで伸びるEC通販市場における物流ソリューションを提供するスクロール360の売上が伸びたのは当然のことといえるだろう。

物流代行のフロンティアの優位性

2020年12月に発表された株式会社野村総合研究所の調査によると、EC通販事業の売上予測は、2026年には29兆円となっている。今eコマースの世界へ、B2Cに留まらずB2B、C2Cも拡大している。さらにD2Cビジネスまで、その萌芽を見せ始めている。その物流現場をサポートする物流代行（フルフィルメント）やソリューションの需要は増えることはあっても決して減少することはないのが現状である。

「勝ち馬に乗る」、「常に船の向きを川下に向ける」といった言葉がある。スクロール360は、まさに急成長を続けるEC通販市場において、フルフィルメントや物流ソリューションという先行ビジネスを展開してきたからこそ、現在

スクロール浜松本社

図10 ——— 総合通販から複合通販へ

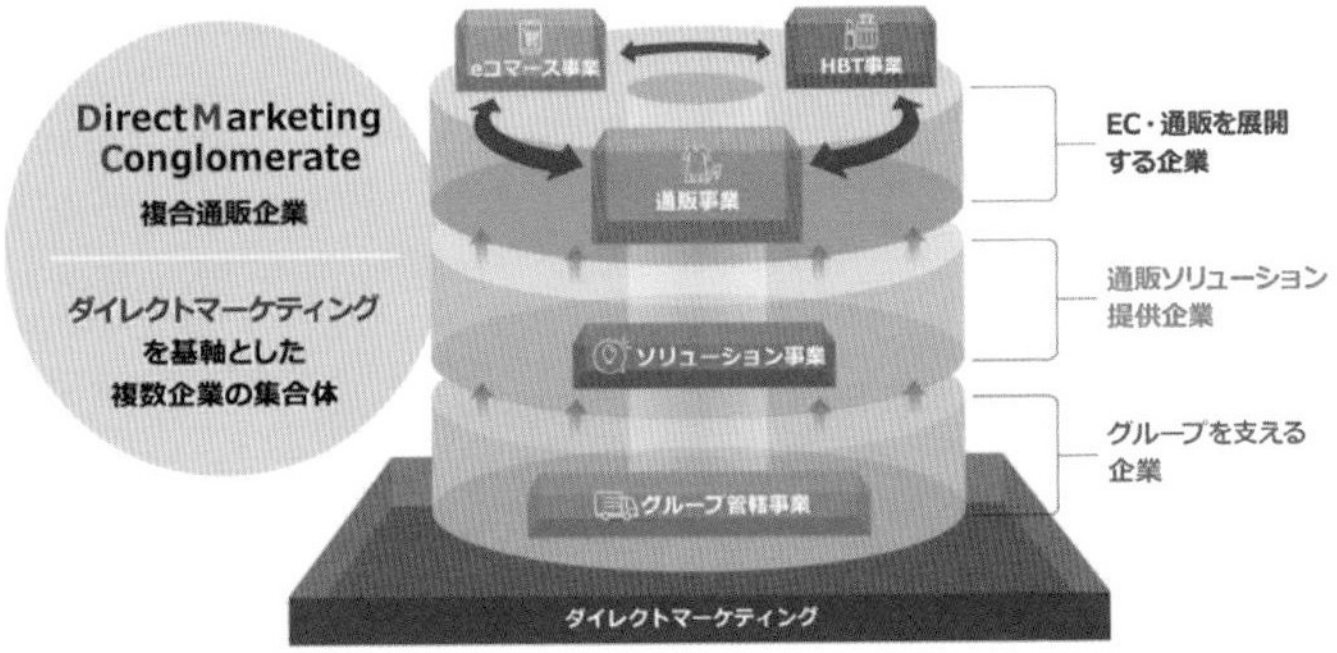

の地位を得たのである。しかし今では、同じ物流代行サービスという土俵で勝負しようという競合も増えている。それでも単なる物流代行に留まらず、システムも含めてすべての物流業務をワンストップでサポートできる会社は、今のところスクロール360以外には見当たらない。

また、物流代行サービスには、ストック型ビジネスの側面がある。代行会社がメーカーやショップから物流代行を受託するまでには時間がかかる。場合によっては何年もかかるときもある。その最大の理由は、物流移転には大きなリスクがあるからだ。これまでもコストだけを理由に物流移転を決定し、出荷がうまくいかず、1カ月もサイトを停止したような事例がたくさんある。その間、売上がゼロになってしまうのだ。そのため、物流移転の際は、新しい物流会社と綿密な打ち合わせとシミュレーションを行い、移転を実施する必要がある。

物流移転を検討するEC通販企業は、受託実績ができるだけ多い企業を選定したほうが良い。物流移転は心臓移植と同じ、失敗すれば死亡を意味する。そのため一度契約を結ぶことができれば、その後はよほど大きなトラブルがない限り、簡単には受託先が変更になることはない。その分物流代行のフロンティアであるスクロール360には、アドバンテージがあるわけである。

Column

スクロールのソリューションに対する安心と信頼①――

物流代行から中国進出まで、スクロール360と共に駆け抜けた7年

株式会社ピアリビング

防音カーペットをEC通販で売り出す

福岡県福岡市に本社を構える株式会社ピアリビングは、1993年にOAフロアなどの内装を手掛ける会社として創業され、1995年に法人化を果たし、2001年からYahoo!オークションで防音カーペットの販売を開始した企業である。

現在では、防音マットや防音カーテンなど家庭用の防音用品の製造・販売

㈱ピアリビング代表取締役社長 室水房子さん

会社として、2022年度にはEC通販を中心に約11億円を売り上げている成長企業である。

まずは代表取締役社長の室水房子氏にEC販売との出会いから聞いてみた。

「法人化したもののOAフロア事業の単価がどんどん安くなっていく一方で、小さな子ども2人を育てていたということもあり、Yahoo!オークションで自分の持ち物を売って生活をするような状況でした。そんなときに営業でお伺いしたお取引先の建材メーカーである日東紡さんで、防音カーペットのパンフレットを見せていただきました。

そのとき防音カーペットというものを初めて知り、『こんなに分厚いカーペットがあるんだ』と衝撃を受けました。私自身も子育ての最中で子どもたちが走り回る音がご近所のご迷惑にならないかと、いつも思っていましたし、友人からも近隣からうるさいと言われて困っている話を聞いていたところでした。新聞や段ボールを床に敷いて対策している家の話も耳にしていたこともあり、『このカーペットなら大丈夫なのではないか』と思ったんです」

そう思い立った室水社長は防音カーペットの販売を決意。日東紡の家庭用防音カーペット「静床」は高価なものでホームセンターでは扱ってもらえず発売から20年も埋もれていた商品だった。

「商品は素晴らしいので、以前から売買していたＹａｈｏｏ！オークションに出してみたらと思い、思い切って出品してみることにしたんです。それが２００１年のことでした。Ｙａｈｏｏ！オークションのサービスも始まったばかりで、手数料もない時代でした。売り出すと、なんとその３カ月後には月１００万円も売れたんです。その頃は日東紡さんから直接仕入れて売るドロップシッピング方式でしたので、入金後にお客様の住所をＦＡＸで日東紡さんに伝えたら、そのままお客様のところへ直送してくれたので、たいした手間はかかりませんでした」

しかも、当時は個人向けに防音商品を取り扱っている業者、競争相手のいないブルーオーシャン状態。１ケースに２・５㎡分のカーペットが10枚入って1万４０００円の防音カーペットが次々に売れていった。

当時、「配送を担当していたのは、企業向けの建材を扱う業者だったため、個人消費者にとっては決して満足できる配送状態とはいえなかった。当時はまだ、消費者の方も『そんなものかも』と鷹揚《おうよう》だった」せいか、それでも売れ続けたという。そこで一気に２００ケースを仕入れ、配送コストを見直し、

ＥＣ通販事業を徐々に軌道に乗せていったのである。

卸販売から製造販売へ

「そのうちにお客様から『壁用の防音材はないか』という声が届くようになり、探したのですが一般の人が使えるような商品はありませんでした。ただ、その過程で工場やライブハウスなどで断熱や吸音用の建材として使われていたロックウールやグラスウールを、一般家庭も壁に付ければ防音効果があるのではないかという話を耳にしたんです。そこで自分で自宅の壁にロックウールを貼った写真を添えて売り出したら、これまた売れ出しました」

遮音シートを使って壁にロックウールなどの吸音材を貼るという方法は、今でこそ当たり前のようになっているが、実は室水社長の考案したものなのである。

その一方で、「壁に貼るのが嫌」、「傷をつけたくない」という声も上がった。そこで、突っ張り棒に挟んだり、ジョイナーを使ったりして壁に設置する方法も考案した。また、「窓からの音が気になる」という声に対しては、窓の寸法にぴったりとハマる窓用の製品を作製。さらに窓の開閉ができなくなるという声には、光を取り入れられるレースカーテンを含めたカーテンタイプを製品化した。卸販売から製造販売へと進んでいったのである。ちなみにこのカーテンは、音だけでなく花粉やＰＭ２・５も通さないという特長も兼ね備えている。

自らの体験を踏まえて次々にアイデアを出し、ユーザーの声を聞いては、それに即座に対応していく。それが室水社長の基本姿勢なのだ。

そしてこの成功が、室水社長の目にＥＣ通販によって成長する市場の未来を見せたのかもしれない。

物流代行をスクロール３６０へ委託

２０１４年９月、「ネットショップ担当者フォーラム」が博多で開催された。「そのときパネラーとして来られていた高山隆司さんとパネルディスカッションに一緒に登壇することになり、スクロール３６０さんとご縁ができました。当社がスクロール３６０さんに物流業務を委託したのは、２０１６年でした。

当時は同じ福岡の宗像市に事務所があり、そこで倉庫を借りて入荷と出荷をしておりました。しかし、倉庫は商品で溢れ、入荷・出荷作業に人手を取られてしまい、商品の製作に支障をきたしていました。新しく倉庫を借りるかアウトソーシングするか悩みましたが、倉庫を借りて人が足りなくなったら出荷ができなくなると考え、スクロール３６０さんに相談することにしました。

またその頃は、防音材の本体を作るメーカーやそれを設置する器具を製造するメーカーなどから、それぞれの商品・部品が別々に届くことになっていました。当然お客様からは『まとめてほしい』という要望が届きました。さらに支払方法についても代引きや後払いに対応してほしいという声も上がってきていました。

こうした課題をクリアするために、スクロール３６０さんに物流代行をはじめ決済についても一部業務を委託することで、お客様の声にお応えすることができ、満足しています」

折しも、その数年後からはＡｍａｚｏｎや楽天が翌日配送サービスを導入し始めたが、そういった大手通販プラットフォームのサービスに引けを取らない迅速な配送体制を、ピアリビングもつくることができたのである。現在同社では、スクロール360が開発したシステムを導入し、土日の受注処理や出荷指示も委託している。

その結果として、創業当初、室水社長が一人で五つのサイト対応を行って約3億円ほどだった売上が、2022年度には約11億円を売り上げるまでに成長したのである。

中国進出に向けて

ピアリビングの中国ビジネスにおいてもスクロール360は大きな役割を果たしている。

同社がスクロール360へ物流の委託を始めた頃、中国の四川省の中心都市・成都へ研修旅行が行われ、中国でのビジネス展開を考えていた室水社長もその視察を兼ねて同行した。

「行ってみると『中国の人は防音を気にしない。だから、防音用品を売ろうとしても売れないと思う』と言われました。でも中国に住んでいる日本人だったら買ってくれるのではないかと思ったんです。そこでまず、成都でBPOサービスと越境ビジネス関連の代行を請け負っているスクロールグループの成都インハナに中国のＨＰ制作をお願いし、ＷｅｉｂｏをはじめオリーブやＷｅＣｈａｔ、ＲＥＤといった中国現地のＳＮＳなどの媒体で発信することをお願いしました。

内容は、実際に動画で防音用品を設置する前と後の音の違いを紹介するといった形でした。すると、その動画を見た中国人が次々とピアリビングのアカウントをフォローし、フォロワー数が１万人超えと大量に増えました。

私としては、中国在住の日本人をターゲットとしていたのですが、思いもかけず多数の中国人の注目を浴びることになってしまいました。その理由は、周囲の音が自分の家の中まで聞こえないようにしたい、というところにあったようです」

2018年から本格スタート

ピアリビングのＳＮＳでは日本語で情報発信をしていたが、これが中国人からすると「日本に良い製品がある」というイメージを醸成したという。また、最初から商品を売り出すのではなく、まずは情報発信だけを進めた。そうすると、その情報を見た人から「どこで買えるのか」という問い合わせが多数入ってきたという。こうした状況を踏まえて、満を持して2018年からタオバオ（淘宝：日本でいうメルカリのようなC2Cのサイト）に売り出すと爆発的に売れ始めたのである。その後、2020年にはTmall（天猫）にも出店した。

「中国に進出するにあたって、ピアリビングはスクロールサイドが中国人にわかりやすく伝わりやすい名称として提案された『快適空間工房』という名前を使っています。これもヒットしたと思っています。WeiboなどのSNSへの情報もピアリビングのホームページのコンテンツから成都インハナのスタッフが翻訳して毎日掲載してくれていますし、各モールへの出店の手続きから受注処理もインハナさんにお願いしています。そして配送については、スクロール360さんが日本から対応してくれていますので、当社が直接的に作業をせずに済みます。また、個人輸入の扱いになるので、関税もかからないというメリットも大きいですね」

コロナ禍を乗り越えて

2023年現在、ピアリビングからの中国への越境EC販売は累計で13

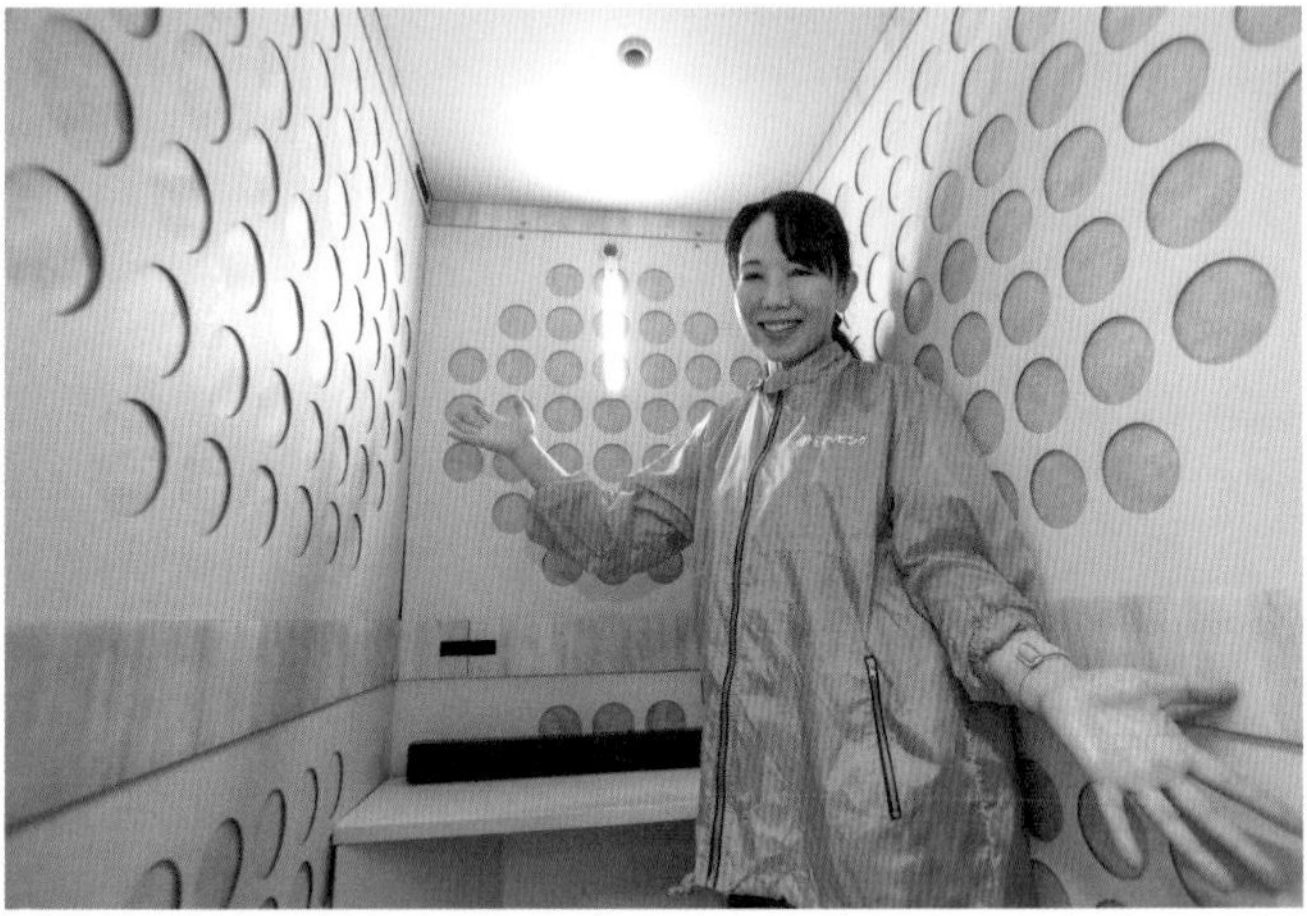

東京ショールームの簡易防音室にて

80万円にのぼる。ただ、高価な商品とあって富裕層の中でもなかなか手が出ない面がある。そのせいもあるのか模倣品が市場に出回り売上が落ちたこともあった。しかしピアリビングのものでないと効果がないことに気が付いた顧客は、確実に戻ってきている。

ところが、中国ビジネスが順調に拡大していた2020年、ピアリビングもスクロール360もコロナ禍に直面することとなった。

中国では学校閉鎖が相次ぎ、子どもたちは家で走り回るようになり、家庭用の防音商品がかなり注目を浴びた。問い合わせが5倍に増え注文が殺到したが、スクロール360のお陰で、受注処理も出荷も問題なく処理してもらえた。

「あのときは改めてスクロール360に業務をお願いしていてよかったと思いました。そうでなければ会社は回ることはなかったと思っています。これからも頼りにしています」

最後に室水社長はそう言って、笑顔を見せてくれた。

Column

──スクロールのソリューションに対する安心と信頼②──

強い商品力をさらに活かすECショップ運営代行とエンドユーザーへの手厚い対応を可能にしたコンタクトセンター

株式会社ダイレクトイシイ

ユニークで強力な商品力を持つ加工食品会社

調理済みチキンハンバーグやミートボールなど「お弁当の友」としておなじみの食品加工メーカー石井食品株式会社は、2030年に向け「農と食卓をつなぎ、子育てを応援する会社に」というビジョンを掲げ、持続可能な「地域と旬」モデルの創出をめざして様々な活動を展開している。

同社が提供する加工食品最大の特長は、素材そのままの味を活かした調理

和風おせち
『祝春華（いわいしゅんか）』

方法の追求の結果から生まれた製造過程において食品添加物を使用しない無添加調理を採用していることである。最近では、子育て世代をサポートする8大アレルゲンを除いたアレルギー配慮商品や、非常食としても利用可能な常温でも長期の賞味期限を実現した商品などが注目を集めている。

こうした土地の旬の味わいを全国へ広げる「地域と旬」の取り組みでは、日本の各地域で手間暇をかけて育てられた食材を、同社の無添加調理技術によって魅力ある製品へとプロデュースする、独自の商品開発を行っている。

また、佃煮製造から始め、そのノウハウの詰め込まれた煮炊きの技術を発揮した「おせち料理」は、年間売上を大きく支えている。ファッションブランドのＢＥＡＭＳとコラボレーションしたおせちや、減塩、アレルギー配慮をしたおせちなど、話題性や健康ニーズの高いおせちなどでも評判を呼んでいる、ユニークで強力な商品力を持った食品会社である。

商品の販売チャネルは、実店舗では一般流通店舗がメインで、ＥＣ通販においては自社オンラインストア（ＥＣサイト）をはじめ大手通販プラットフォームを利用している。このＥＣ通販部門を一手に引き受けているのが、子会社の株式会社ダイレクトイシイである。

非常食3日分セット

経営リソースを自社サイトに集中

スクロール３６０が、ダイレクトイシイの販売支援を始めたのは２０２２年10月からである。楽天市場、Ｙａｈｏｏ！ショッピング、Ａｍａｚｏｎで展開しているモールでの店舗運営の代行業務を受託した。

そもそも石井食品が通信販売を強化し始めたのは、２０１８年頃からのことである。自社で運営管理する通販サイトを活用することで、先述の「地域と旬」など生産者やエンドユーザーとの結びつき、同時に食へのこだわりといった情報を追加して発信しやすいと考えたからであった。

まずは自社ＥＣサイトからのこだわりの発信によって集客力を高め、徐々に大手のモールの楽天、Ｙａｈｏｏ！、Ａｍａｚｏｎへと展開していった。そこには「一度は自分たちの手を動かして苦しんでから、アウトソーシングなどの支援を活用する」という方針があり、実際に自分たちで苦労することで、担当するダイレクトイシイの中に知見やノウハウを蓄積していったのである。

1年半ほど自分たちだけで業務に打ち込み、後半には個人コンサルの支援を受けながら事業を進めたという。その一方で、将来的な規模拡大を図るべくパートナーとしてアウトソーサーを探した。
ダイレクトイシイでは、自分たちで自社サイトや他社のモールサイトの運営に携わったことで、各種業態において、資金面でも人的資源においても大きなコストがかかることが実感できた。その結果、自社サイトに資源を注力し、モールサイトの運営を委託することにした。

業務委託後に売上が2倍、広告の運用効率は2倍以上に

委託先の選定にあたっては、スクロール360ともう一社が候補に挙がった。そこで委託の決め手となったのは、スモールスタートから徐々に支援の範囲を拡大していけるカスタマイズ性と、スクロール360の持つ知見を共有することで自社の人材のスキルアップが可能となると確信できたことにあったという。

「スクロール360にモールの運営を委託した結果、自社ECサイトにリソースを集約でき、販売力強化に繋がっています。実際のところモールサイトの運営の委託前と後では、売上は2倍以上、広告の運用効率も2倍以上に改善できたため、売上が伸びるのと同時にコスト効率化も図れて結果的に利

ミートボール5袋セット

益の最大化ができていることがわかります」

と、ダイレクトイシイの萩原俊彦取締役は語ってくれた。

また、定性的な変化を見ると、両社で協力してＰＤＣＡを回すことで、迅速に計画立案が可能となり、こまめなミーティングを行いつつスピード感のある改善もできている。2社間のコミュニケーションには、石井食品グループが活用しているチャットツールのＳｌａｃｋを使用。日々、何かあればすぐに相談できる体制も整えた。

萩原取締役は「スクロール３６０と共に歩んでいく中で、通販に関するノウハウを自社社員も身に付けている」と評価するが、Ｓｌａｃｋの活用などスクロール３６０側もダイレクトイシイへの支援で様々な経験を積む良い機会となっている。

コンタクトセンター始動3カ月で評判は上々

石井食品から、スクロール３６０がコンタクトセンターでの代行を委託され業務を始めたのは、２０２３年5月からである。こちらもＥＣサイトの支援と同じく、担当するのはスクロール３６０である。モール運営での手腕を見込んで白羽の矢が立ったという。

スクロール360のコンタクトセンターへ移管後、受けた電話に対する対応率（サービスレベル）が、まずは非常に高くなったことが評価された。また、スクロール360が他社のコンタクトセンターでの事例から、業務改善の提案を行い、早速採用されると、さらなる改善提案を求められている。もちろんクライアントの要望に応えるべくスクロール360の担当者は、最適解を求めて情報収集や数値分析に心血を注いでいる。

さらに、サイトへの顧客からのレビューに対するレスポンスにも対応しており、広範囲にわたって業務を代行することで、ダイレクトイシイがめざす大幅なリソースの再配置に貢献している。コンタクトセンターでの代行を開始してから3カ月ほどの現時点では、まだ日が浅く、ダイレクトイシイ側に指示を仰ぐ回数が少なくはない。しかし、「最近の電話対応がとてもいい」という声が数多く聞かれていることも事実である。

「三方よし」をめざして末永い付き合いを

ダイレクトイシイでは、石井食品本体の倉庫でＥＣ通販の物流をも担当している。ＥＣ事業の売上拡大に伴い、今後個人消費者向けにより細やかな対応を求められると想定している。特に、ブランドイメージに強みを持つ石井食品の商品を売るためには、商品と共に送る同梱物を工夫したり、より丁寧なギフト包装を行ったりなど、個人消費者に向けたブランディングの重要性も同社は認識している。

「スクロールグループは、三方よしの考えを持ったグループと認識している。我われクライアントと、その先のエンドユーザーとなるお客様、そしてスクロール３６０。その三者がすべて良くなる三方よしをめざし、安心感と一体感だけでなく、実際にクライアントの担当者がスキルアップすることで、互いの利益を上げる良い循環ができる。弊社のスキルが上がってスクロール３６０の収益が上がるまでには若干タイムラグがあるかもしれないが、そこまで含めて長い目で一緒にやっていただいているという感覚があります」

今後増えていくＥＣ通販の出荷件数を頭に描きながら、萩原取締役は物流代行についてもスクロール３６０を視野に入れているようである。

Column

スクロールのソリューションに対する安心と信頼③——座談会

クライアント目線でのマニュアル作りから共有・共感

株式会社グラニフ

国内外に100店舗を展開する一大ブランド

グラフィックTシャツのブランド「グラニフ」として知られる株式会社グラニフは、2000年に東京・下北沢に1号店をオープンし、2007年の台湾出店を皮切りに海外展開を始め、10年後には100店舗を突破した。主力商品であるTシャツはそのユニークなデザイン商品の構成が広く愛され、多くのファンを魅了している。

グラニフは、「Hi-GRAPHIC」、「Hi-COMMUNICATION」、「Hi-CULTURE」、「Hi-LIFE」を四つの価値として掲げ、個性豊かなグラフィック（デザイン）をプリントしたTシャツなどの商品を通して、コミュニケーションや文化の創出をめざしている。様々なクリエーターやキャラクターとのコラボレーション商品も多く売り出し、ブランドのファンだけでなく、コラボレーション相手のファンも魅了できる力を持つのが、グラニフの強みだ。

2003年に自社オンラインストアをオープンし着実に出荷量を伸ばしたグラニフは、2009年からスクロール360に物流代行を委託した。順調にEC通販事業も伸ばしていった同社だが、2021年11月に自社オンラインストアをリニューアルした直後からシステム面のトラブルが相次いだ。そこにコロナ禍でオンラインストア利用者増が重なり、メールと電話の問い合わせが雪だるま式に増えていった。

年が明けて2022年になると、いよいよ自社の対応部署がパンク状態になり、スクロール360に相談が持ち込まれ、2月から浜松コンタクトセンターでのメール対応業務が始まったのである。

スクロール360にメール対応委託の相談を持ち掛けたのは、グラニフの

Eコマースディビジョンでオペレーションを司るマネージャーの三枝充氏（以下、三枝氏）だ。草創期の2003年に入社した三枝氏は、一人で手書きの伝票を作って小さな倉庫から1日30件ほどの出荷をしていた時代から現在に至るまで、およそ20年にわたって自社EC通販一筋に歩み、今では同部門を率いるメンバーのひとりでもある。

信頼できる物流代行業務の結果、メール対応も依頼

グラニフがスクロール360の物流代行サービスを利用し始めた2009年は、アパレルの商材を得意とするSLC磐田が稼働を始めた年で、グラニフの物流代行はそのときから現在までSLC磐田で行われている。

ここでは、グラニフとの関わりのある3人のスクロール360の社員と三枝氏による座談会で、スクロール360のコンタクトセンター業の実際を語り合ってもらった。

出席者は三枝氏の他、スクロール360の営業担当として対応してきた営業第1ユニット長の稲葉健太（以下、稲葉）と、グラニフの問い合わせメール対応業務の立ち上げに関わった、EC－BPO第1ユニットでリーダーを

務める浅井明佳（以下、浅井）、そして当時コンタクトセンターでスーパーバイザー（以下、ＳＶ）としてグラニフを担当していた新田ゆかり（以下、新田）の４人である。

稲葉：スクロール３６０との出会いはどんなところだったのでしょうか？

三枝氏：あの頃は１日１０００件前後という注文が寄せられてきて、出荷量も増え、それに対応していると他の業務が回らない状況でした。もう社内では無理だということで、とにかく一旦どこかに物流関係の仕事をまるごとお任せしなければと、必死に物流会社さんを探していて、長年通販を手掛けている代行会社があるというので、大丈夫だろうと思ってお願いしたのだと思います。ところが、その後も注文が増えていく中、スムーズな物流ができていたので、あのときに自社だけで何とかしようと思わず、スクロール３６０さんにお願いして本当によかったと思っています。

稲葉：メールや電話の問い合わせも、多かったのではないのですか？

三枝氏：いえ、そうでもなかったです。人気キャラクターとのコラボレーションのようなイベントがあったときはそれなりの数は来ましたが、だいたい１日あたりメールが１００件弱、電話が10件程度でしたから、自社のカスタマーサポート部隊で対応できていました。ところが２０２２年の年明けにはメールが１日最低でも１００件も来るようになって、これはどこかに頼まないと業務が回らなくなると思って稲葉さんに相談したわけです。

稲葉：最初のメール対応のご相談をいただいた際、相見積もりを取るなど、他社と比較はされなかったのでしょうか？

三枝氏：していません。とにかく急がないといけないということがあり、急いでいるからこそ、長く物流代行をお願いしていて、信頼関係のあったスクロール３６０さんにお願いしたいと、私自身は思っていましたから。

稲葉：ありがとうございます。

対応マニュアルをつくるところからスタート

浅井：通常コンタクトセンターの対応業務は、クライアントから「対応マニュアル」を受け取るところから始まります。業界や商材特有の問い合わせや対応のやり方があるため、そうした基本的な情報をマニュアルにまとめられたものです。

新田：そのマニュアルをSVが読み込み、必要があればよりわかりやすく内容を作り替えたりしながらオペレーターに研修を行い落とし込みます。マニュアルがあることでオペレーターの業務レベルのばらつきを抑え、スムーズにどの業務も一定水準で遂行することができます。

三枝氏：でも、申し訳ないことに当時私たちにはメール対応や電話対応のマニュアルはありませんでした。当社のカスタマーサポートチームでは、問い合わせに対する返信メールのテンプレートは数種類あり、だいたいそれで対応できていました。そのテンプレートで対応できなければ「イレギュラー対応」という認識で、その場で臨機応変に対応することで何とかなっており、社外に業務をお願いする機会がなく、ルールやマニュアルをつくり込んでいませんでした。

稲葉：そういう状況だったので、マニュアルづくりから受託させていただきました。そこで我われのコンタクトセンターに蓄積されているノウハウと、グラニフ様のお客様に対するサービスポリシーを擦り合わせるところからプロジェクトは始まったわけですね。

浅井：実際に返信メールのマニュアルやテンプレートはグラニフ様から伺ったサービスポリシーを基に考えて、「これでいかがでしょうか」と提案していく形でつくり上げていきました。

新田：お客様への均一な応対には、マニュアルの存在が必要不可欠です。ですので、イレギュラーなお問い合わせ以外の内容についてはすべてマニュアルを作成しました。例えば、サイズについてのお問い合わせには、「オンラインショップのこのページを参考にして、この程度の目安とお考えください」のように答えたり、注文までの日数を聞かれたら、配送先の住所を確認して「本日の注文ですと何日頃にお届けが可能です」と答えたりするといった具合に想定されるすべてのお問い合わせに対応できるようつくっていきました。

浅井：またアパレルですから、商品の布地の伸縮性や手触りのような、実物がないとわからない問い合わせについては、テンプレートで答えずにＳＬＣ磐田に問い合わせるようにしました。そして、まだＳＬＣ磐田に入荷していないときはグラニフ様に問い合わせるようにと、いつも正確な情報をお届けできるような形になっています。

三枝氏：そうでした。私たちの倉庫にもまだ現物が納品されていない場合があって、そのときは生産チームまで聞きに行き、回答する内容が確認できたら、すぐにスクロール３６０さんに伝えています。そうしたテンプレート化できないものは、スクロール３６０さんと当社でやり取りをしながらお客様対応をしているうちに「これはテンプレートにできるな」と気付くものもあって、気が付き次第、順次ご相談してテンプレート化を進めています。

わずか10日で2000件のメールにスピード対応

稲葉：今回コンタクトセンターをご利用いただいて、「よかった」と思ったことがあれば教えてください。

三枝氏：まずは、最大の問題だった大量の未対応メールを短い期間で解決できたことが、何よりもほっとしたところです。メール対応を委託し始めた時点で、対応しなければいけないメールが2000件以上溜まっていたのですが、わずか10日で解決できました。最初の2000件以上を処理している間も毎日続々とメールが入ってくるので10日間で数千件以上のメール対応をしていただいたことになります。他の業務を差し置いて社内で対応していたとしたら1カ月以上はかかっていたでしょうから、まさにアウトソーシングのお手本のような対応だったと思います。

稲葉：対応の速さについては、身内の私自身も「速い！」と感じました。実際のところ、コンタクトセンターではどんな状況だったのでしょうか？

新田：現場では、ひたすらスピード重視で未対応メールを減らす方針を立てました。未対応状態のメールをお送りいただいたお客様を長くお待たせしてしまっているためです。まずはお問い合わせのジャンルごとで振り分けを行い、すぐに答えられる簡単なメールからどんどん返信していきました。ジャンル分けがされず、内容が分からない状態の未対応メールが大量にあると「どこから手をつけたらいいかわからない」という状況に陥りやすいものですから。また、今三枝さんがおっしゃったように、溜まったメールに加えて新規で届くメールもあれば、こちらの返信に対する返信も来るので、いかにスピード対応するかに全力を注ぎました。幸いグラニフ業務を担当していたチームには、ベテランの社員も多く、お待たせしてしまっているお客様に早くご安心いただくためにも競うように仕事をさせていただきました。

∨クライアントの一員だという自覚の下にサービスを展開

三枝氏：今のお話を伺って改めて思ったのですが、長年通販に携わってきたスクロールグループさんの経験や、通販に特化したノウハウがあるのだろうと実感します。

そのことは、今も月に数回行っている打ち合わせ会議からも感じていました。営業、コンタクトセンター、物流、それぞれの担当者さんと私で、現状の情報共有をして、対応方針を念入りに打ち合わせるリモート会議で、業務を依頼した当初は、3日に1回のペースで行っていましたね。

浅井：それは、物流とコンタクトセンターが、いつもクライアントと同じ方向を向いていないと本当のソリューションサービスができないからです。私たちコンタクトセンターから案内する内容と、実際に物流で出荷する内容がちぐはぐであれば、お客様は「どうして？」と疑問に思ったり、不安になったりして、クライアントの信頼を損ねることに繋がりかねません。そうしたことが起こらないように、クライアントのご担当者にとっては「しつこい」と思われるぐらいに目線を合わせていく打ち合わせを重要視しています。

三枝氏：お客様からすれば、物流とコンタクトセンターも含めてグラニフだと思って認識していらっしゃいますから、そこのところをしっかりと意識していただいて、こちらの要望や思いを打ち合わせで確認したうえで業務に反映されているところも、スクロール360さんの大きな強みになっているように思います。

稲葉：そう言っていただけると恐縮ですが、本当に物流とコンタクトセンターの情報を繋げることをおろそかにすると、サービスレベルが大きく低下することは確かです。逆に言えば、クライアントからの思いを含めた依頼内容を物流・コンタクトセンター間で、密なコミュニケーションを取って共有し、それぞれが提供するサービスを超えて対応していくことで、サービスレベルは大幅に向上することになります。

そこを私たちはめざしていますし、全社員が通販の基礎知識をしっかり持っているスクロールグループだからできることだとも思っています。実際のところ「担当するクライアントの通販を成功させるためなら、自分が直接関わっているサービス以外であっても、スクロールグループが持つあらゆるサービスを最大限投じて貢献したい」という社員がたくさんいますので、これからもよろしくお願いします。

三枝氏：これまでの実績と信頼関係から、現在でもお客様対応に関して判断を委ねている領域はかなり広がっており、今後もさらに広げていきたいと思っています。こちらもよろしくお願いします。

座談会参加者

株式会社グラニフ Eコマース Div. オペレーション Sec. マネージャー　三枝充氏
株式会社スクロール360 営業部営業第1課営業第1ユニット長　稲葉健太
株式会社スクロール360 EC-BPO課EC-BPO第1ユニットリーダー　浅井明佳
株式会社スクロール360 営業部営業推進チーム　新田ゆかり

終　章

これからのEC通販の課題を解決していく企業としての使命

少子高齢化・人口減少による消費マーケットの縮小、競争激化が待つ未来

株式会社スクロール　代表取締役社長　鶴見知久

EC通販企業からDMSCへ

２０２３年３月に東京証券取引所がＰＢＲ（株価純資産倍率）の１倍割れ企業に対して改善策を求め、話題になった。マーケットの要請に応え、将来的に成長する事業へのシフトを明確に示すことは常々必要なことだと思っていた私は、それを当然のこととして聞いていた。なぜならば我われスクロールグループも今後の成長戦略の軸として、ソリューション事業を新たな柱に成長させていくことを宣言するための準備を進めていたからだ。

地政学的なリスクに加え、日本の経済や人口動態、エネルギーや原材料の高

止まりによる影響を意識した上で策定した、中期経営計画「Direct Marketing Solution 2025（以下DMS2025）」がそれである。「DMS2025」では、2024～2025年度に向けて「DMSの強化によるDMC複合通販経営の推進」を標榜し、ソリューション事業を持続的な成長によって名実共にDMSの中心事業へと推し進めることを明確にした。数値的には、2025年度には経常利益におけるソリューション事業の構成比を2022年度の12%から35%程度へ成長させることを目標としている。

また通販事業は、確固たる収益基盤の確立とSVB（Solution Vender Business：地域ごとに個別のモノ・コト・サービスを提供する取り組み）による収益拡大を、eコマース事業はビジネスモデルの転換による収益力の向上をめざすとした。

さらにDMS2025においては、従来の当グループの「EC通販企業」というイメージを脱却し、「ダイレクトマーケティングソリューションカンパニー（DMSC）」へと転換していくことも明示した。DMSとは「クライアントへの提供価値」を意味し、当グループが有するダイレクトマーケティング関連のあらゆる知見やノウハウを駆使して、クライアントのニーズに応えていくことを明らかにしたわけである。DMSを強化し、ソリューション事業の成長を加速させることで、「100年続く企業」に向けた持続的な成長をめざそうと思っている。

ソリューション事業を成長戦略の柱に

ソリューション事業をグループの柱とすることは、社長に指名された2015年からずっと意識していた。当時は、メインビジネスであった個人カタログ通販事業が終焉《しゅうえん》を迎えたタイミングであり、それを引き継いだメインビジネスの生協事業も売り場拡張による拡大路線が限界を迎えつつあった。また、「今隆々としている通販事業が永遠ではない」ことも理解しており、収益の大半を通販事業に依存しているポートフォリオの適正化も急務だった。そんなときに当グループの歴史を紐解いてみると、節目の時に必ず次世代を担うビジネスが控えていることに改めて気が付いた。

全国の婦人会に向けて販売をした際の直販ルートの構築もそうであるし、通販事業のためのシステム開発もそうである。そしてＢ２Ｂのソリューションの可能性を意識するようになっていったのである。

その後、人口減少や少子高齢化、生産年齢人口の減少といった小売市場の縮小に繋がる諸問題が顕在化していく中で現実的な思考を重ねた結果、通販事業を成長事業として捉えることが極めて難しいと判断し、思い切ってソリューション事業に注力・強化していくことを宣言、取り組もうと決意したわけである。

消費マーケットの縮小、競争の激化といった厳しい経営環境にあってもＥＣ通販市場は拡大を続けており、ＥＣ通販事業者をサポートするソリューション事業の需要は高まる一方である。

その中でスクロールグループは、長年携わってきたダイレクトマーケティングにおける数多くの知見とノウハウを有しており、それを駆使したソリューションをワンストップでサービス提供できることを最大の強みとしている。それは他にあまりないユニークな形態であり、これからさらに面白くなっていくと確信している。

ただし、これは既存の事業をないがしろにするものではなく、ダイレクトマーケティングの知見やノウハウを顧客ニーズに合わせて提供するという意味では、ECであっても通販であっても価値創造の事業活動であることに変わりはない。そこをしっかりとDMSに当てはめて訴求していくということであり、現在活動している各事業がそれぞれの事業に力を尽くしながら、グループ全体の価値を高めていくものである。

いい会社をつくる

もう一つスクロールがめざす方向性として「ダイレクトマーケティング事業を通じて、時代が求める豊かな暮らしづくりをサポートする。」というパーパス（存在意義）の下、「人、社会、地球に、グッドライフカンパニーであること。」をビジョン（展望）として掲げ、その実現に向けて努力していく。ただ、これらパーパスやビジョンが、社員の業務にとって日々意識されているということではない。社員一人ひとりが最終的に自分にとって「いい会社とは？」と考え、自分が能動的にいい会社にしていこうとすることを意味している。単純に口をあけて待っていれば、自分の口のサイズに合った美味しいものを入れてくれることを会社に期待するのではなく、個人と会社が一体となって、いい会社をめざすという意味を込めたものである。

現実世界にあっては、人口動態をはじめ、必ず来る未来であったり、社会情勢の変化であったり、我われでコントロールすることができないものがある。未来はいつも不確実であるという前提の下、マーケットの中でいかにビジネスを成立させていくか。つまり、変化に対する対応や成功体験からの脱却など、これらをいかに日々の事業の中に組み込んでおくことができるか。それが大事になってくる。

幸いなことに、スクロールグループには、マーケティングとは別に企業文化や人的マインドのようなものだが、時代変化への適応力、組織も社員も変化に対する耐性が高いという強みがある。現在の最大の強みとなっているワンストップソリューションも、多くの失敗や損失を経験して、諸先輩方から続く進取の精神があったからこそ、ユニークなビジネスモデルが出来上がったわけである。

タスク・ダイバーシティで自らチャンスを掴む会社に

私は、法人営業からスタートし、伊藤忠商事に出向し、同社の中国の事業会社で生産現場から出荷管理、貿易までの流れを、身をもって学んだ後にスクロールに戻り、営業企画や商品企画、ネット通販部など様々な部門を渡り歩いてきた。その中で人事部にも籍を置き、人材育成プログラムの開発に携わった経験がある。様々な部署、現場経験などの部署においても大いに役立ったと今でも思っているが、人材を育成するという点も同じである。もちろん今ではその頃のような育成方法は通用しないものも多いが、現場経験がその人の成長にとって大きくものを言う点は変わりないところである。そして今、そこをベースに、DMSCをめざす当グループの人材の在り方について考えている。

一つは、タスク・ダイバーシティが、将来的にいろいろな人材の力を強くするということである。これは特に、伊藤忠への出向に始まり、社内外のあらゆる部署を経験し、事業会社の社長まで務めた私自身の経験則から強く感じていることである。専門的なものを追求していく人もいて、私のようにいろんな経験を積みながらキャリアアップしていく人もいる組織のほうが強くなると思っている。

その一つとして女性の管理職比率がある。現在スクロール単体で達成している女性の管理職比率30％を、２０２５年度までにグループ全体で達成することをめざしている。

また、これまでの即戦力採用だけでなく、柔軟で可能性を秘めた新卒社員の採用・育成の強化にも取り組んでいる。「スクロールグループは、若いうちからいろんなチャンスを掴むことができる。やりたいことを自分から手を挙げて挑戦することができる」、そんな組織文化を醸成していくために、キャリアチェンジ（異動）や教育にも、自らが意思を示すという機会を設けている。ただし、あくまでも自ら掴もうとしない限り、その人間に機会が訪れることはない。

使命は唯一無二のソリューションを提供すること

２０２２年は、3月から4月にかけて円安が急速に進み、さらにウクライナ情勢の深刻化が重なるなど、原材料や輸送費といった様々なコストが軒並み上昇したことから、いわゆるコストプッシュインフレが起こり、消費市場全般に逆風の状態が続いた1年であった。一方で、コロナウイルス感染症対策で続いていた行動制限から解放され、外食産業や旅行産業が持ち直していき、インバウンドはまだ本格的ではないが、百貨店の高額商品が売れ行きを伸ばすなどの流れがあり、店舗小売業の業績回復が非常にアクティブになった一面も見て取れた。

スクロールグループを見てみると、現在の中核事業である通販事業がグループ全体を牽引していることが際立っていることがわかる。それは、原材料や輸送コストの上昇という厳しい環境の中でも、利益確保のために単純に販売商品へ価格転嫁するのではなく、製品調達の工夫やより少ない販促費で販売効率の向上に取り組むなど、各部署が利益の減少を最小限に留めるための対策を実践し、しっかり成果を出した結果である。

しかし、次世代ビジネスの柱に指名したソリューション事業は、期待値からは大きく乖離《かいり》している状況であった。決済代行サービスやマーケティングサービスは非常に好調だったものの、主力である物流代行サービスは利益率が低く、グループにおける新たなエースとしての収益基盤強化が急務であることを露呈した形である。

相対的に事業規模が大きい通販事業がプラスに働けばグループ全体としては好調とみられる。しかし、この先を考えると、依然として通販事業が主力として稼いでいる状態では、グループ全体を「良かった」と表すことはできないのが、残念なところである。

とはいえ、EC通販市場そのものは拡大しており、ソリューション事業の需要が高まっていくことは明白である。我われスクロールグループとしては、これからEC通販に参入を考えている事業者や、現在様々なトラブルに悩んでいるEC通販事業者に、唯一無二のソリューションを提供していくことを使命として、DMC複合通販経営を推進していく。

おわりに

我われは１９３９年に武藤洋裁所として浜松の地で創業してから、２０２４年で創業85年を迎える。

スクロールの歴史を語る施設として、浜松本社にはスクロール歴史館が作られて久しい。ここには85年の歴史を一覧して振り返るための年表や、地元婦人会からの相談を基に作られた外套《がいとう》「トッパー」の展示がある他、かつて武藤衣料株式会社だった頃に営業担当が各地方を走り回るのに実際に使用していたオートバイや呉服のカタログも展示されている。

全国各地の婦人会に配布していた呉服のカタログには、商品の値段などの情報の他、当時銀幕で活躍していた女優が商品を着用した写真も大きく掲載されており、着物の布地の端切れも貼られ、見た人の購買意欲をそそると同時に、商品がどのようなものか想像しやすい作りとなっている。通販というよりも直販に近いカタログ販売、さらに様々に工夫を凝らしたカタログ販売、そして、インターネットを利用したEC販売へと、我われの事業形態は時代や市場の変化と共に、挑戦を続けてきた。その変化こそがスクロールの歴史と言ってもいいだろう。

スクロールグループが、通販事業を中心とした業態から「DMC複合通販企業戦略」への方向転換を行ったのは2017年。こうした方針転換は、長い目で通販市場を見つめた際に、長く生き残り続けるためのものである。安直に「ソリューション事業のほうが稼げるから」という理由で選択したものではない。

2022年度の経常利益において、通販事業の経常利益は87%を占めた。一方で、ソリューション事業は12%に留まっている。現在も、グループとしての利益の大半は通販事業によるものなのだ。2025年度にはソリューション事業の経常利益を全体の35%とする目標を立てており、引き続きソリューション事業の成長を図っていく。こうしてソリューション事業を中心に据えているのは、唯一無二の価値を市場に提供したいからに他ならない。

タイトルにも掲げている「通販まるごとソリューション」は、業界の中でも珍しいユニークな形でのサービスであることは、本書の中で紹介した通りだ。これからのEC通販事業がますます拡大を続けていく上で多種多様なクライアントのEC通販事業を盛り上げる、こうしたユニークなサービスを提供することこそが、長年通販に携わってきたスクロールグループの使命である。

スクロールグループは、すでに通販事業を長年手がけてきた企業としてあらゆる面でクライアントに貢献してきているが、ソリューション事業としても、物流代行サービスの開始から25年が経過し、多様なクライアントの取り扱う多様な商材と向き合って、さらに幅広いノウハウを蓄積することに成功している。そしてこれからも、ソリューション事業を第二の柱として、ますますノウハウの幅を広げ、より多くのクライアントに貢献できる企業になっていくはずである。

現在のスクロールグループの事業を紹介した本書が、あらゆるEC通販事業者にとって自社のEC通販事業の一助となると同時に、今後のEC通販業界全体がさらにお客様満足のために成長していくことを切に願っている。

著者

【著者】

鶴見知久（つるみ・ともひさ）

株式会社スクロール　代表取締役社長

1989年株式会社スクロール（旧社名：株式会社ムトウ）に入社。

執行役員ダイレクト事業本部通販インナー統括部長などを経て、2013年に取締役執行役員、2015年に取締役社長に就任。2020年4月より代表取締役社長。

高山隆司（たかやま・りゅうじ）

株式会社スクロール３６０ 常務取締役

1981年株式会社スクロール（旧社名：株式会社ムトウ）入社以来、42年にわたり通販の実戦を経験。2008年 他社のネット通販企業をサポートする株式会社スクロール３６０の設立に参画、以後、200社を超えるネット通販企業の立ち上げから物流受託を総括。2017年よりスクロール３６０の常務取締役。

通販まるごとソリューション

ＥＣ＋通販に力を与える魔法のしくみ

2024年1月30日　第1刷発行

著者 ―――――― 鶴見知久・高山隆司

発行 ―――――― ダイヤモンド・ビジネス企画

〒150-0002

東京都渋谷区渋谷1-6-10 渋谷Qビル3階

https://www.diamond-biz.co.jp/

電話 03-6743-0665（代表）

発売 ―――――― ダイヤモンド社

〒150-8409　東京都渋谷区神宮前6-12-17

https://www.diamond.co.jp/

電話 03-5778-7240（販売）

編集制作 ―――― 岡田晴彦

編集協力 ―――― 富山勇二・上村麻子

取材進行 ―――― 民部田ひかり

編集アシスタント ―――― 南部紗里

校正 ―――――― 聚珍社

装丁 ―――――― いとうくにえ

イラスト ―――― イケマリコ

DTP ―――――― 齋藤恭弘

撮影 ―――――― 伊藤博幸

印刷・製本 ―――― シナノパブリッシングプレス

ISBN 978-4-478-08506-6